ESQUINA DE GERAÇÕES

Sociabilidade nos últimos 50 anos num pedaço da Tijuca

Bruno França da Silva

Agradecimentos

*Agradeço em primeiro lugar a todos que tornaram e
ainda tornam possível o estabelecimento e funcionamento
da Universidade do Estado do Rio de Janeiro, palco
do intercâmbio de alunos e professores, comunidade
científica e sociedade, projetos e realizações e instituição
na qual tive a honra de defender esta monografia.*

*Um especial obrigado à minha orientadora Professora
Doutora Clarice Ehlers Peixoto por ter feito do jornalista
um pouco mais de sociólogo, pelo cuidado com que me
guiou pelos caminhos da teoria socioantropológica, por
me aproximar das categorias, conceitos, métodos, enfim
das ferramentas do fazer pesquisa social.*

*A minha gratidão também aos professores da turma
2009 do Curso de Especialização em Sociologia Urbana,
com os quais aprendi a observar as sociedades de
forma mais crítica, reflexiva, melhor dimensionada, com
parâmetros de quem "estranha" até mesmo os próprios
parâmetros.*

*Não posso esquecer de retribuir aqui ao Fernando
da Secretaria do curso, sempre solícito, com todas as
informações a mão e de uma competência pra deixar
qualquer aluno tranquilo.*

*Em especial, cito Dona Lúcia, minha mãe; escrever todos
os dias e atualizar esta homenagem seria pouco para
compensar tudo o que ela representa para mim.*

Por fim, agradeço a todos por visitarem o meu rebanho:

Olhando para o meu rebanho e vendo as minhas ideias,

*Ou olhando para as minhas ideias e vendo o meu
rebanho,*

*E sorrindo vagamente como quem não compreende o
que se diz*

E quer fingir que compreende.

Saúdo todos os que me lerem,

Tirando-lhes o chapéu largo

Quando me veem à minha porta.*

* *O Guardador de Rebanhos e outros poemas,
de Fernando Pessoa. São Paulo. Cultrix/
EDUSP, 8ª ed., 2006, Cap. I, l.45 a 51.*

"Não sei porque e nem como, mas seremos imortais."

FILIPE FERREIRA CARLOS E BRUNO FRANÇA.

ÍNDICE

INTRODUÇÃO

Nesta dissertação, pesquiso uma esquina da Tijuca, zona norte da cidade do Rio de Janeiro, situada entre as ruas Professor Gabizo e Haddock Lobo. O interesse é saber, por meio da conjugação de dados sociológicos com uma etnografia inspirada em José Guilherme Cantor Magnani e antropólogos como William Foote Whyte, Roberto Da Matta, Gilberto Velho, Roque de Barros Laraia e tantos outros, porque as pessoas ali reunidas diariamente escolheram esse "pedaço", no sentido de Magnani (2002), para o encontro cotidiano.

Formado em jornalismo, ingressei no curso de Especialização em Sociologia Urbana da Universidade do Estado do Rio de Janeiro no intuito de compreender melhor as relações sociais desenvolvidas na cidade onde moro e trabalho. No início, não tinha uma ideia bem formada sobre o tema da monografia, mas queria algo ligado à minha própria experiência. No decorrer das aulas, uma obra em especial me chamou atenção: *Sociedade de esquina*, de Foote Whyte (1943). Alguns comportamentos descritos pelo autor no distrito de Corneville, interior da cidade de Boston, Estados Unidos, no final da década de 1930, eram muito similares aos meus e de meus amigos quando tínhamos em torno dos vinte anos. Se os jovens americanos (re)construíam a hierarquia interna do grupo quando jogavam boliche, o mesmo se aplicava a nós nas partidas de futebol e, como mais tarde descobri, continuava assim com os jovens de várias partes do bairro onde moro. Se entre os estadunidenses havia rapazes formados e rapazes de esquina, também minha turma contava com universitários e "atrasados na escola". Em ambos os casos era visível a preocupação em ascender economicamente. Diante das "coincidências" pensei em analisar um universo parecido com o meu. Por que não?

Ao ler os trabalhos de Gilberto Velho (1989; 2006) sobre Copacabana, e de Roberto DaMatta (1979; 1997), a respeito do "jeitinho" brasileiro, tão caracteristicamente presente no Rio de Janeiro, percebi que a proximidade com o objeto de estudo representava uma ferramenta usada normalmente por muitos etnógrafos. Assim, resolvi também analisar um meio social na minha vizinhança, a Tijuca.

Como o território a ser estudado seria uma esquina perto de casa, precisei mergulhar na literatura sociológica a fim de evitar uma simples descrição e etnocentrismos, como alerta Laraia (1986). Em busca de isenção, observei a cultura local através de dois recortes temporais, um diacrônico, *Capítulo I – História da urbanização da Tijuca*, para entender a situação atual do lugar por meio de seu passado, e outro sincrônico, *Capítulo II – A (minha) esquina da cidade*, voltado para as estatísticas socioeconômicas da Haddock-Gabizo de hoje, onde descrevo o modelo metodológico com os conceitos usados ao longo da pesquisa.

Em seguida, são analisados dados colhidos através de entrevistas, ou melhor, de conversas dirigidas com os frequentadores desta esquina. Existem ali três grupos distintos, separados por idade: um formado por *jovens* até 25 anos de idade, outro por *jovens adultos* em torno dos 30/35 anos e o terceiro integrado pelos maiores de 50 anos. Aqui é possível perceber que o espaço, cujas ações giram em torno de dois bares, permite a interação dessas três gerações. Todos transformam a "rua" em território onde a amizade e o lazer ditam as regras de convivência. Muitos são conhecidos pelos apelidos recebidos ali mesmo. Este sentimento de pertencimento ao lugar, de tomar o público como privado, também é visto em outras esquinas nas cercanias. Ao se perceberem no dia a dia, os frequentadores desses vários "pedaços" tramam uma extensa rede de relacionamentos nas ruas desta parte do bairro.

Embora sejam moradores de uma área urbana densamente habitada, encontrei tijucanos no antigo "Engenho Velho" que vivem nos moldes típicos das cidades pequenas, caracterizados pela reciprocidade e opostos aos contatos superficiais como assinalou Simmel (2005) sobre os homens citadinos. Certas práticas do modo rural foram adaptas na cidade. No lugar dos quintais tomam-se no mundo inteiro praças, bancas de jornal, portões, bares, praias ou esquinas como as "tijucanas".

Compreender estes fenômenos leva a uma reflexão acerca do planejamento urbano moderno pautado na construção de edifícios altos aglomerando num pequeno espaço uma multidão de sujeitos, sem que os mesmos tenham áreas reservadas ao contato social mais perto de casa, no qual possam estabelecer maiores vínculos com os vizinhos. O excesso de estímulos das sociedades modernas não necessariamente significa um embotamento nas relações sociais. Em muitos territórios ocupados por grupos etários nas cidades é possível se integrar em variados níveis de comprometimento, pode-se manter desde contatos esporádicos ou tornar-se um "elemento permanente", a exemplo do visto no "pedaço" da Tijuca retratado no *Capítulo IV – Formação da esquina.*

CAPÍTULO I – HISTÓRIA DA URBANIZAÇÃO DA TIJUCA

1.1 Bairro x tempo

Na tentativa de buscar possíveis conexões entre o comportamento do "tijucano" médio de hoje com hábitos remanescentes de épocas passadas, será feito um mergulho na história do bairro desde o processo de urbanização até os dias atuais. É evidente que esta história não pertence apenas à Tijuca, pois perpassa também por bairros vizinhos, pela transformação da cidade do Rio de Janeiro em capital do país, encontra a família real portuguesa na fuga para o Brasil em 1808, chega até a nobreza do Império, atravessa a República e se encerra na modernização pós-fordista imprimida na paisagem urbana de grande parte do território nacional – e na capital fluminense não foi diferente, a partir da segunda metade do século XX.

Antes de começarmos é preciso anotar que as referências de um lugar variam de acordo com o tempo e o espaço. Uma vizinhança de um determinado momento pode se subdividir em várias diferentes num outro instante. Mais à frente, não só as comunidades menores, mas também outras adjacentes se juntam para formar um único e novo distrito. E assim por diante. O Homem é um ser social em constante mutação. Da mesma maneira o são seus significados sociais, a exemplo da concepção de bairros que, para Cordeiro e Costa (2006), são definidos por um processo de identificação, de autoafirmação dos moradores de uma dada região fomentado ao mesmo tempo internamente pela rede de relacionamentos ali presente e por preceitos e influências externas. Cada um desses recortes político-geográficos é participante ativo "na permanente construção cultural das variadas mitografias, imagens e narrativas que cada cidade escolhe para se vestir – os bairros são lugares para se procurar, identificar, inquirir, questionar" (Ibdem; p.61).

1.2 "Ti'yug" na colônia

Os primeiros registros referentes a esta região nos levam a etimologia da palavra "Tijuca". Dos autores pesquisados (Santos, Leite, França, 2003; Oliveira, 2001; Weyrauch, Mota, 1999; Cardoso, 1984) foram Santos, Leite e França (2003, p.14-15) que melhor retrataram esta ligação:

> "Tijuca é uma descrição da paisagem física, uma descrição que nos remete à natureza primitiva. Os indígenas cunharam o termo "ti'yug" para descrever áreas com acumulação superficial de "líquido podre, lama". Uma vez que seu território estava estabelecido em espaços do litoral, onde as condições de drenagem permitiam a acumulação das águas de chuvas em brejos, pântanos, lagoas e lagunas, houve a necessidade de criar um termo cujo significado descrevesse essas características ubíquas da planície costeira brasileira.
>
> Os colonizadores, talvez por terem se estabelecido de forma mais permanente e intensiva em uma área com essas características hidrográficas, hoje município do Rio de Janeiro, acabaram por utilizar uma corruptela daquele nome, Tijuca, para designar lugares onde a paisagem era dominada por "charcos, pântanos, atoleiros, lama e lodo". Tijuca é um nome presente

na representação cartográfica desde os primeiros mapas e associada a diversos lugares do município onde havia uma primeira natureza com água em abundância.

Atualmente, nomeia: duas unidades geomorfológicas, Maciço da Tijuca e Lagoa da Tijuca; uma unidade de conservação e uma subdivisão interna a essa – Parque Nacional da Tijuca e Floresta da Tijuca; quatro unidades político-administrativas, sendo duas Regiões Administrativas – 24a/Barra da Tijuca e 7a/Tijuca – e os bairros respectivamente nelas contidos, Barra da Tijuca e Tijuca, além de duas favelas, Tijuaçu e Tijuquinha".

Antes da chegada da família real portuguesa ao Brasil, a área onde está a Tijuca moderna pertencia a uma formação geológica de solo com difícil aproveitamento para servir de base a construções e, consequentemente, a habitações. "Essas terras localizadas a oeste do atual centro da cidade, a zona urbana daqueles tempos, eram um espaço rural com acesso dificultado pela existência de uma "fronteira natural", o Saco de São Diogo e seus manguezais" (ibdem, p.9). De acordo com Weyrauch e Motta (1999; p.39), já naqueles idos, quando chovia forte, esses terrenos eram tomados por alagamentos periódicos: "esta característica se agudizava pela particularidade dos cursos de vários rios, valas e córregos que, do Rio Comprido a São Cristóvão, desaguavam no Saco de São Diogo, um vasto golfo salgado, cercado de mangues, que penetrava na cidade entre São Cristóvão e o Morro do Pinto e chegava até o Campo de Santana". Tais transtornos trazidos por tanta água ainda persistem na contemporaneidade. Em 2010, por exemplo, no início de abril, precisamente no dia 5, ao final daquela tarde uma tempestade com volume correspondente ao índice pluviométrico esperado para todo o mês caiu sobre o Rio de Janeiro e municípios vizinhos. Era Segunda-feira, no final do expediente comercial, a hora da volta pra casa. A cidade do(s) Rio(s) parou, principalmente para quem saía do centro em direção à Zona Norte, pois a principal via de ligação entre as duas partes, o bairro da Praça da Bandeira, localizado no coração do "Saco de São Diogo" ficou intransitável devido às enchentes. Um trajeto feito normalmente em trinta minutos durou mais de quatro horas[1].

De volta ao século XVI, as terras da Tijuca e adjacências pertenciam a Sesmaria de Iguaçu[2], doada pelos portugueses aos jesuítas em prêmio pela participação destes na organização da guerra contra uma aliança entre os índios tupinambás, goitacases e aimorés e os franceses invasores liderados pelo General *Nicolas Durand de Villegagnon.* O provincial dos inacianos no Brasil, Padre Manoel da Nóbrega e seu sucessor, Padre José de Anchieta, que chegou a ficar cinco meses no cativeiro em aldeias "inimigas", foram os responsáveis pelo acordo de paz selado com a coligação das tribos indígenas conhecida como Confederação dos Tamoios. Quebrada a aliança dos nativos com os franceses, as condições se tornaram favoráveis para Mem de Sá, o terceiro Governador Geral do Brasil, e seu sobrinho, Estácio de Sá, fundador da cidade de São Sebastião do Rio de Janeiro[3] (em primeiro de março de 1565) expulsarem definitivamente os estrangeiros da Baia de Guanabara no princípio de 1567.

Os jesuítas administraram suas posses brasileiras até 1759, quando foram banidos de Portugal e das colônias pelo Primeiro Ministro português na ocasião, o Marquês de Pombal. Este, influenciado pelos debates iluministas a respeito do Estado, era a favor do absolutismo, do poder total nas mãos do Rei. Concretizar tais ideias exigia tolher a força dos outros dois grupos ativos na política do país, a nobreza e o clero. Assim foi feito. Sob o pretexto de punir os responsáveis pela tentativa de assassinato do Rei D. José I (1714-1777), ocorrida em 1758, um processo instaurado resultou: na morte ou prisão das famílias dos Marqueses de Távora e do Duque de Aveiro, acusados de tramarem o regicídio; na redução da capacidade da nobreza em interferir nas decisões estatais; e, um ano depois, na expulsão dos jesuítas das terras sob domínio lusitano, porque tinham "amizade com os conspiradores".

A herança deixada pelos inacianos na Sesmaria do Iguaçu foram três grandes fazendas, Engenho Velho, Engenho Novo e São Cristóvão, "retalhados e vendidos pela coroa a pequenos sitiantes e chacareiros, que plantaram anil, mandioca, cacau, bananeiras, laranjeiras e hortaliças. O açúcar ainda reinava, mas já despontava a importância do café, que se aclimatou muito bem nas encostas, a partir do alto da boa vista e avançava pela mata virgem" (Ibdem, p. 42-43).

Uma outra interferência do Marquês de Pombal mudou decisivamente os rumos da cidade. Em 1763, o ministro transferiu a sede da colônia de Salvador para a nova capital Rio de Janeiro. Começava assim um processo de transformações no padrão de ocupação do espaço urbano carioca com a abertura de ruas, a construção de equipamentos culturais, departamentos de Estado, instituições públicas, estabelecimentos de ensino e outras estruturas trazidas pela capitalidade[4] e, mais tarde, ampliadas pela chegada da família real portuguesa em 1808, na fuga das guerras napoleônicas que assolavam a Europa, e pela independência do Brasil decretada em 1822.

Uma vez instalada no Palácio da Quinta da Boa Vista, em São Cristóvão, a família real ganhou vizinhos ilustres, tanto de outros países como da própria corte portuguesa, que se mudaram para os bairros da redondeza. A Tijuca foi bastante procurada devido à paisagem rica em mata atlântica. "O fascínio que a floresta exercia sobre o europeu e o clima ameno atraíram para ali uma verdadeira colônia de nobres, principalmente franceses, que se dedicaram com grande intensidade à plantação lucrativa do café. Acima da queda do Rio Maracanã vivia a Baronesa de Rouen, logo abaixo, a família Taunay, adiante, à saída da garganta, o Príncipe de Montbélliand, o Conde de Scey, o Conde de Gestas, Mlle, de Roquefeuil e outros muitos nobres brasileiros também viviam por ali, como o Barão de Bom Retiro, o Barão de Itamaraty, o Visconde de Souto, o Visconde de Jequitinhonha e vários outros" (Cardoso; 1984, p.58). É desta invasão de titulares da nobreza, de onde ainda se podem destacar o Conde de Bonfim e o Barão de Mesquita[5], a origem da expressão "a Tijuca é um bairro nobre", numa clara alusão a este passado de quando o local era habitado quase que exclusivamente por gente eminente da monarquia e do Império brasileiros. A área "tornou-se um ponto de referência no universo de moradias que se distinguiam de todo o resto da cidade" (Weyrauch, Motta; 1999, p.28-29). Desta maneira, pode-se dizer que o status ocupado no presente pela Zona Sul como principal reduto das elites do Rio de Janeiro pertencia à Tijuca oitocentista, e lá ficou, como se verá à frente, por cerca de um século até princípios de 1900.

Das formas de sociabilidade dos "tijucanos" não-escravos desta época, excetuando uma minoria de trabalhadores assalariados recém surgida, diz-se que desprezavam o esforço físico e desfrutavam de seus privilégios entre si. "O ócio era alardeado e ostentado como fidalguia, como sinal de bem estar financeiro durante todo o período colonial, e mesmo no império. O tempo livre deveria ser gasto na demonstração de prestígio, no qual se detectariam o conhecimento e reconhecimento das esferas do poder ser civilizado que, neste contexto, representava não trabalhar, porque isto era uma prerrogativa de inferiores escravos" (Ibdem, p.61). Os abastados da Tijuca já possuíam naquele momento o hábito de passar o tempo livre, as horas de lazer, entre seus pares a exibir suas posições sociais – obviamente em público pois não há o que mostrar se não há quem veja. Este comportamento pode facilmente ter se estendido da nobreza para elementos das classes média e média alta que a sucederam e hoje representam juntas entre 85,64% e 91,06%[6] dos domicílios "tijucanos", pois, na mesma linha de raciocínio, é possível concluir ser também uma espécie de ostentação semelhante a anterior consumir cotidianamente no comércio de bebidas e refeições a fim de transformar suas calçadas em ponto de interação social, caracteristicamente marcado pela identidade dos "chegados" do pedaço. "O passado recente da Tijuca como local de moradia de uma elite como os Taunay, o Duque de Caxias[7], o Barão do Andaraí e os Viscondes de Figueiredo, do Rio Branco, e de Mauá, deixou a marca de bairro elegante e aristocrático, constituindo-se num dos maiores atrativos para as classes médias" (Cardoso; 1984, p.113).

1.3 Início da urbanização

O primeiro sinal de urbanização destas bandas foi a presença da Fábrica das Chitas[8], uma das primeiras industrias do Brasil, instalada onde hoje é a praça Saenz Peña. "Na realidade, nela não se produzia nada, só se estampavam tecidos de algodão vindos da Índia. A fábrica manteve-se em atividade por cerca de 20 anos [desde a inauguração em 1820] mas o nome permaneceu na região por mais de um século" (Ibdem, p.84). Tal identificação foi facilitada por um caminho, chamado primeiro de estrada do Andaraí Pequeno e, posteriormente, de rua Conde de Bonfim, aberto das montanhas até a fábrica. "Em 1826, a Tijuca não contava com mais do que 4 caminhos que se concentravam em torno do Largo da Fábrica das Chitas, embrião da Praça Saenz Peña" (Oliveira; 2001, p.18). Este também foi o início da formação de um novo estrato social no bairro, o dos operários.

Oliveira (2001, p.22) se refere à chegada do "primeiro bonde a boi da América Latina" na Tijuca no ano de 1859, talvez porque também pesquisou Cardoso (1984, p.73) que usou a mesma data ao falar do tráfego pioneiro na América do Sul[9] dos chamados "Maxabombas". Já o Relatório Beaurepaire de 1843[10] localiza a estreia deste meio de transporte público, visto como signo de modernização da cidade, mais de duas décadas antes: "em 1838, quando já circulam os primeiros ônibus de tração animal, a população do Rio de Janeiro totalizava 137.078 pessoas, incluindo as freguesias urbanas da Candelária, São José, Santa Rita, Sacramento, Glória, Santana, Engenho Velho [parte da futura Tijuca], Lagoa e as Freguesias Rurais de Irajá, Jacarepaguá, Inhaúma, Guaratiba, Campo Grande, Santa Cruz, Ilha do Governador e Ilha de Paquetá" (Rohan; 1968, p.16). Divergências à parte quanto a real data de inauguração dos serviços de carros de passageiros na capital fluminense, eles rápido tomaram o bairro da nobreza e se tornaram símbolos dos novos tempos ao serem discutidos nas altas esferas administrativas e letradas. "A companhia de Carris da Tijuca trouxe a modernização, a urbanização" (Weyrauch, Motta; 1999, p.18).

Chegado dezembro de 1861, baseado em mais um conceito da era vitoriana, isto é, no planejamento da cidade, o governo imperial, com o intuito de sanar o problema da falta de água potável, criou a Administração da Floresta da Tijuca, sob responsabilidade do Major Manoel Gomes Archer, carioca considerado o precursor da silvicultura no Brasil; sua missão seria reflorestar toda aquela área devastada pelo plantio, sobretudo do café, e pela extração de madeira e carvão nas encostas do Maciço da Tijuca. O trabalho, prosseguido pelo também carioca Barão d'Escragnolle[11], levou 13 anos na recolocação principalmente de espécies de mata atlântica. Ao fim, propiciou a revitalização do solo que com a abundância vegetal recuperou a capacidade de acumulo hídrico e brindou a todos com traços paisagísticos quase naturais a revelar belas cachoeiras, corredeiras, formações florais diversas, trilhas, enfim um novo atrativo nas montanhas. De certo, este fato fortaleceu os laços "tijucanos" com a natureza, que já a cultivavam em amplos e famosos jardins tão característicos das casas da região nos tempos nobres.

As grandes propriedades com mansões e solares, ainda do início do século XIX, representaram o padrão de ocupação dos espaços da Tijuca até 1870, quando se tornaram profusos os investimentos em estruturas urbanas, com destaque inicial, de acordo com a Comissão de Melhoramentos de 1875 e 1876[12], para os meios de transportes:

> "Os anos de 1870 são marcados pela intensificação do processo de controle dos serviços públicos da cidade pelo capital estrangeiro. São iniciadas as operações da *Rio de Janeiro*

Street Railway Company, depois Companhia São Cristóvão, servindo aos bairros de São Cristóvão, Andaraí Pequeno (parte do atual bairro da Tijuca), Saúde, Santo Cristo, Gamboa, Caju, Catumbi e Rio Comprido. Promove-se também, pela Companhia Ferro Carril de Vila Isabel, de propriedade do Barão de Drumond, a ligação de trilhos urbanos do centro a Vila Isabel, possibilitado após numerosos aterros e construção de ponte na área do mangue, junto ao Rio Comprido. Esta companhia, em 1873, implementa ainda as linhas entre a cidade e os bairros do Andaraí Grande (Andaraí, Vila Isabel, Grajaú e Maracanã), São Francisco Xavier e Engenho Novo. Posteriormente, é criada a Companhia de Carris Urbanos agregando várias empresas de pequeno porte em um pequeno percurso do Centro à zona portuária" (Relatório da Comissão de Melhoramentos; 1876, p.37).

A partir de então, a Tijuca inteira, e não só algumas de suas partes (Engenho Velho, Fábrica das Chitas e Andaraí Pequeno), é considerada zona urbana. Com a nova infraestrutura, o bairro atraiu a instalação de vários hotéis interessados no potencial turístico da região rica em alamedas naturais, próxima ao frescor da floreta e, agora, com amplo e facilitado acesso. O "Guia do viajante do Rio de Janeiro de 1884" citado por Cardoso (1984) não só traçava o percurso desses hotéis, casas de hospedagens e pensões como também trazia a descrição de toda a área naquele tempo:

"Por intermédio desses roteiros ficamos sabendo que o que, hoje, chamamos de Tijuca era o conjunto dos seguintes bairros:

-     Rio Comprido, que começava no Largo do Estácio, compreendendo a rua Haddock Lobo até a rua Aristide Lobo. Tratava-se de um bairro "ameno", muito povoado (e com), elegantes casas além de uma curiosidade: a figueira palmeira rara e palmeira num só tronco gigantesco.

-     Engenho Velho, que compreendia trechos da rua Haddock Lobo e começo da rua Conde de Bonfim, entre as ruas Aristides Lobo e Araújos. Descrito como "arrebalde bastante habitado, ostentando casas elegantemente construídas, ornadas com apurado luxo e precedidas de bem tratados jardins".

-     Fábrica das Chitas, bairro "grande e muito povoado, mas a não ser a parte da rua Conde de Bonfim, não tem beleza, todavia é muito saudável e coberto de muita vegetação". Estendia-se até a rua desembargador Isidro, onde começava o bairro seguinte.

-     Andaraí Pequeno, bairro "extenso, pitoresco, muito agradável... e de clima salubrérrimo... (com) uma vegetação esplêndida e... excelentes chácaras e casas de campo... prolongava-se até a raiz da serra, onde faziam ponto final os bondes e partiam as diligências para o Alto da Boa Vista".

-     Finalmente Tijuca, que começava a seguir e abrangia a área das montanhas e matas até a Barra da Tijuca" (Cardoso; 1984, p.38).

Entre 1870 e 1906 multiplicaram-se os edifícios, residências e os novos moradores da região. "De 1.429 prédios existentes na freguesia [do Engenho Velho] em

1870, chega-se a 4.287 prédios em 1890 e alcança, em 1906, a cifra de 10.548 unidades residenciais" (Ibdem, p. 76). São as próprias famílias nobres e abastadas, nas palavras de Weyrauch e Motta (1999, p.45) que "se encarregam de lotear e urbanizar as antigas propriedades senhoriais, abrindo espaço [também] para vilas, casas e sobrados, numa atividade lucrativa que rapidamente muda as feições do bairro".

O aquecimento do mercado imobiliário tornou esta parte da cidade ainda mais atraente para a chegada da primeira via férrea movida a eletricidade do Rio de Janeiro denominada Estrada de Ferro da Tijuca. "Esta linha de trens, inaugurada em 1898, tinha seu ponto de partida no terminal dos bondes de burro, chamado "junção do elétrico", [posteriormente conhecido como Muda[13]] e alcançava o Alto da Boa Vista. Desta estrada de ferro ficou o nome "Usina", da usina térmica geradora de eletricidade para as "modernas" locomotivas de então" (Carsoso; 1984, p.73).

Apesar de todas as transformações, até o começo do século XX, ainda era possível encontrar ares interioranos por estas bandas. "Enquanto as principais vias do bairro tinham um movimento intenso para a época, com o tráfego de bondes e o comércio, as poucas ruas transversais guardavam uma tranquilidade provinciana" (Ibdem, p.89). Mais de cem anos depois, ainda se percebeu esse provincianismo no forte enraizamento e na identificação com a vizinhança apresentados por muitos dos entrevistados neste estudo; foi comum encontrar aqueles que, ao acender ou decair economicamente, trocaram de endereço, algumas vezes por mais de uma oportunidade, sem sair da Tijuca; houve casos de mudanças para a mesma rua. Por conseguinte, pode-se dizer que o "tijucano" é hoje cosmopolita porque vive na segunda maior metrópole do país, mas é, ao mesmo tempo, extremamente bairrista. Tanto que "o habitante do bairro é o único em situação similar, no Rio de Janeiro, que possui designação própria. Não existe equivalente da palavra *tijucano* no linguajar carioca. Botafoguense é torcedor de clube. Copacabanense não se usa. Os de Laranjeiras e de Cosme Velho, Catete e Flamengo também não têm apelativo próprio... E assim por diante" (Ibdem, p. 17).

1.4 Os anos 1900

Na passagem do século XIX para o XX, a Tijuca ainda era o principal reduto dos nobres e das famílias de maior poder aquisitivo de então. Oliveira (2001) cita um dos últimos momentos desta fase áurea ao contar que em 1928, em dificuldades financeiras, os pais de Tom Jobim, quando este tinha pouco mais de um ano de idade, se mudaram da rua Conde de Bonfim, na Tijuca, para a rua Barão da Torre, em Ipanema, na zona sul: "Nesta época a Tijuca era chique e aristocrática e Ipanema não passava de um areal, isolado de todo o resto da cidade" (Ibdem; p. 36). A partir dos anos 50, a lógica se inverteu; a orla carioca passou a ser mais valorizada do que a proximidade da floresta; trocava-se o ar fresco da mata pela brisa do mar. Assim, o outrora bairro da nobreza perdeu status, assistiu aos detentores de títulos serem substituídos por uma nova e crescente classe média, suas encostas foram tomadas por favelas, adquiriu infraestrutura urbana e ganhou equipamentos culturais que se notabilizaram.

1.4.1 Clubes

Muitos clubes e grêmios se instalaram na Tijuca desde a era novecentista. Dos que chegaram aos nossos dias, o Tijuca Tênis Club e o America Futebol Club[14] são os mais antigos, portanto os que mais se distinguem por possuírem longa história de filiação com o bairro e serem ou terem sido palco da maioria de seus eventos sociais.

A concepção do Tijuca Tênis Club nos remete aos hábitos conservadores do período em que foi construído. "Segundo um de seus fundadores, a criação de um clube que pudesse ser frequentado pelas famílias facilitaria a aproximação com as moças. Esse futuro sócio estava interessado numa jovem que conhecia apenas de vista e achava "uma ousadia" abordá-la diretamente. Assim, em 1915, foi fundado o Tijuca Tênis Clube, na Rua Uruguai 39, passando depois para o terreno que ocupa atualmente na rua Conde de Bonfim [451] – onde existia antes um cortiço, a Pensão Cantagalo, em terras de propriedade da Baronesa de Itacuruça" (Cardoso; 1984, p.124-125). A procura pelas atividades ali oferecidas aumentou o número de associados a ponto de garantir fonte de custeio para o incremento de melhorias e modernas instalações, conforme reportagem de "Tijuca em Revista", citada por Cardoso (Ibdem, p. 125):

> "Corria o ano de 1931... A grande sensação da cidade era o Tijuca Tênis Club, com sua nova sede colonial, suas festas que eram a nota elegante da temporada, sua piscina. A primeira piscina da zona norte, num bairro distante do mar, trazendo aos habitantes das encostas da montanha a possibilidade da prática da natação e do prazer do banho, ao sol, sem os incômodos da longa viagem a zona sul".

O clube do America é mais velho, surgido em 1904 "quando alguns sócios do Clube Atlético Tijuca, na Muda, que reunia praticantes de ciclismo e de corridas a pé, resolveram fundar um clube para aqueles que quisessem se dedicar a um novo esporte: o futebol" (Ibdem, p.124). Abraçar o jogo bretão, importado havia cerca de 10 anos pelo paulista Charles Miller, quando este regressou de uma temporada de estudos na Inglaterra com duas bolas, um livro de regras e uniformes, se mostrou de grande valia para o sucesso do America, que conquistou vários títulos do campeonato estadual (1913, 1916, 1922, 1928, 1931, 1935 e 1960). No nível nacional, sua maior colocação foi um terceiro lugar em 1986. Rebaixado três anos depois, o clube da rua Campos Sales, 118, nunca mais voltou à primeira divisão do campeonato brasileiro; em 2023, sequer aparecia no Ranking Nacional de Clubes[15] da Confederação Brasileira de Futebol e disputava a segunda divisão do campeonato carioca.

Estar tão perto do maior estádio do país e possuir em seu seio um clube com farta história no futebol, a exemplo dos três pioneirismos enumerados por Weyrauch e Motta (1999, p.129), "a separação das torcidas adversárias, novidade aplicada no dia 8 de maio de 1913, no jogo contra o Americano", o "uso do placar, criado em 27 de agosto de 1916, em jogo contra o Flamengo" e a oficialização de um jeito de jogar a pelota em ginásios, o Futsal[16], levou o habitante da Tijuca a ter permanente contato com o esporte. Não obstante, são raros, na região, os lugares livres para "bater uma bola"[17].

Vários outros clubes foram criados na Tijuca e permanecem ao menos até janeiro de 2023: Country Clube da Tijuca, na Rua Uruguai, número 574; Montanha Clube da Tijuca, na Estreada Velha da Tijuca, 407; Associação Atlética Banco do Brasil, da rua Haddock Lobo, 227; Centro Cultural Esportivo e Recreativo Monte Sinai, na rua São Francisco Xavier, 104; Club Municipal, na rua Haddock

Lobo, número 359; Associação Atlética Tijuca, na rua Barão de Mesquita, 39; ou os muitos portugueses como a Casa de Trás os Montes e Alto Douro, ambas na Avenida Melo Matos, números 19 e 21 respectivamente, a Casa do Porto, na rua Afonso Pena, 39, a Casa dos Poveiros, na rua do Bispo, 302, e a Casa Vila da Feira e Terras de Santa Maria, na Haddock Lobo, 195.

1.4.2   Colégios

Quando os Jesuítas se retiraram em 1759, deixaram um vazio no sistema de ensino brasileiro, pois eram os únicos organizadores da educação no país desde o início da colonização portuguesa. A deficiência começou a ser corrigida com a chegada da família real que trouxe consigo medidas de estímulo ao desenvolvimento acadêmico nacional. Já em 1808, a Academia Real dos Guardas-Marinhas de Portugal, vinda com a corte, se instalou na Ilha de Villegagnon (onde hoje funciona a Escola Naval), na Baía de Guanabara, para formarem-se oficiais das Marinhas de Guerra e Mercante e engenheiros do Exército. No mesmo ano, foram abertas as Escolas Anatômica, Cirúrgica e Médica do Rio de Janeiro e de Cirurgia da Bahia, em Salvador (ambas são as atuais faculdades de medicina das universidades federais de seus respectivos Estados). Em 1810, outra instituição das forças armadas, a Real Academia Militar (futura Academia Militar das Agulhas Negras[18]), destinada ao treinamento das técnicas de infantaria e cavalaria além de cursos superiores de engenharia, foi alojada nas dependências do Forte de Santiago (hoje Museu Histórico Nacional), também no Rio de Janeiro. Ainda na capital, corria o ano de 1916 quando a Escola Real de Ciências, Artes e Ofícios (atual Escola de Belas Artes da UFRJ[19]) passou a ministrar aulas na contemporânea Travessa das Belas-Artes, no Centro. Ali perto, em 1818, foi a vez do Museu Real (posterior Museu Nacional da UFRJ[20]) iniciar atividades voltadas para as ciências naturais em prédio ocupado no presente pelo Arquivo Nacional no Campo de Sant'Anna.

Após a Proclamação da Independência, por medida de lei, foi criado um sistema de instrução pública de primeiras letras (referente à metade inicial do ensino fundamental moderno), a partir de 1827. Para o curso secundário (ou ginasial), o Rio Grande do Norte saiu na frente com a fundação do Colégio Estadual Atheneu Norteriograndense, na capital potiguar, três anos antes da sede do Colégio Pedro II, na Avenida Marechal Floriano no centro do Rio de Janeiro (ainda hoje em funcionamento), ser apresentada ao Imperador-menino na data de seu nono aniversário, em 1837.

Com relação ao ensino médio, o primeiro estabelecimento desse grau na capital da Monarquia foi o Colégio São Pedro de Alcântara, unido em 1858 ao Seminário Diocesano de São José, no Morro do Castelo[21], na parte central da cidade. Por ordem do então Bispo José Pereira da Silva Barros, as aulas foram remanejadas junto com o Seminário São José, em 1891, para o Largo do Bispo (ou a hodierna Praça Condessa Paulo de Frontin), no Rio Comprido. A partir de 1902, o Instituto dos Irmãos Maristas das Escolas, uma sociedade católica de apoio à educação, assumiu o comando do educandário, reformulou-o e ergueu, com o propósito de receber os alunos em definitivo, duas edificações na Tijuca, uma destinada ao antigo externato da rua Barão de Mesquita, número 164, concluído em 1928, vendido, abandonado em 1997[22] e recuperado em 2015, e outra dedicada ao internato, na filial da Rua Conde de Bonfim, número 1.067, cujas turmas seguem em pleno vigor.

Assim como o Colégio Marista São José, há uma lista de notáveis instituições de ensino que vieram se basear no solo "tijucano" em épocas nobres:

> "Como exemplo, podem ser citados: o Colégio Militar – desde 1889 no antigo palacete do Conde de Bonfim –, o Colégio Batista desde 1911 na chácara que pertenceu ao Barão de Itacuruçá – e a sede feminina do Instituto La-Fayette – já demolida, onde antes fora o Palacete do Duque de Caxias.
>
> Além desses, tornaram-se tradicionais no bairro o Colégio Pedro II – cujo primeiro internato, no século XIX, localizava-se junto ao Largo da Segunda-Feira, onde hoje é o Colégio Santa Teresa –, ... e o instituto de Educação – desde 1928, na rua Mariz e Barros" Cardoso (1984, p.141).

De acordo com o censo de 1920, a Tijuca "possuía nesta data o maior número de escolas do Distrito Federal. Não somente em quantidade, mas também em qualidade" (Ibdem, p.100). Oliveira (2001, p.25) explica que "este fato criou fama, o que pode ter influenciado algumas pessoas no momento da escolha de um lugar para morar". O saber era valorizado antes mesmo de se chegar ao bairro. No Anuário Estatístico do Rio de Janeiro 2009, contabilizaram-se 268 colégios na área, novamente mais do que em qualquer outra região carioca.

Considerando-se agora as estatísticas do censo 2000[23], a relação de longa data com a educação ainda tem reflexo direto nos indicadores de anos de estudo dos responsáveis pelos domicílios da Tijuca. Em 68,38% deles o chefe do lar terminou ao menos o ensino médio e em

47,52% se formou em curso superior ou maior.

1.4.3   Cinemas

Sete meses depois de os irmãos franceses Auguste e Louis Lumière inventarem o cinematógrafo, um aparelho capaz de captar, revelar e projetar filmes curtos de poucos segundos, e o divulgaram publicamente no final de 1895 em Paris, foi realizada a primeira sessão de cinema no Brasil, na rua do Ouvidor, número 57, no Centro do Rio de Janeiro. As imagens mostraram desde um incidente de incêndio até danças, brigas de animais, uma rua de Paris, a chegada de um trem na estação, uma praia e uma banda de música militar. Passado mais um ano, na mesma rua, nasceu no número 141 o chamado Salão de Novidades Paris, um inédito empreendimento no país especializado no comércio de projeções de imagens em movimento.

O abastecimento irregular de eletricidade restringiu o desenvolvimento da sétima arte em terras nacionais até a inauguração, em 1907, da usina hidrelétrica de Ribeirão das Lajes (já desativada) no limítrofe dos municípios fluminenses de Rio Claro e Piraí. Suprida a necessidade energética, dezenas de salas de exibição foram abertas na capital a partir da década de 1920. Os alvos preferenciais dos empresários foram o Centro da cidade, particularmente a Praça Marechal Floriano Peixoto, no fim da Avenida Central (atual Avenida Rio Branco), depois apelidada de Cinelândia, que "recebeu novíssimos arranha-céus, onde ficaram os mais recentes e modernos cinemas do Rio" (Santos, Leite e França; 2003, p.82), e a Praça Saenz Peña, na Tijuca, por ter se transformado num importante espaço aglutinador de uma população circunvizinha considerável, tanto em termos numéricos quanto em poder aquisitivo.

A abertura dos estabelecimentos dedicados à nova diversão contribuiu de forma decisiva para que o "ex-Largo das Chitas" assumisse a função de núcleo de lazer servindo a toda zona norte. Essa vocação foi ratificada, na década de 40, pela instalação na Praça Saenz Peña, número 51, do maior cinema do Brasil naquele instante, o Olinda[24], com 3.500 lugares. No apogeu desta fase, por volta de 1970, "a região da Saenz Peña e arredores tinha 12 cinemas – "dois a mais que a Cinelândia", como informa uma reportagem da época" (Cardoso; 1984, p. 115). No início desta mesma década a tendência no negócio se inverteu drasticamente. Um a um, os cinemas foram desativadOs até a metade dos anos de 1990. "Os últimos e antigos cinemas, como Tijuca 1 e Tijuca 2, que sucederam ao Eskye, o América, o Carioca, o Art Palácio e o Bruni, fecharam, dando lugar a grandes magazines, a espaços para cultos religiosos ou, então, permanecem vazios, sem uso determinado. Para isso também contribuiu o surgimento paulatino de cinemas em novos *shoppings*, que vieram se situar na Grande Tijuca" (Santos, Leite, França; 2003, p.85). A perda desses equipamentos culturais foi um duro golpe nas opções de entretenimento do bairro.

1.4.4   Favelas

As favelas surgiram no Rio de Janeiro após a derrubada do mais famoso e maior cortiço da cidade, popularmente conhecido por Cabeça de Porco, em referência a igual imagem ornada no grande portal da entrada principal, localizada na rua Barão de São Félix, nº 154, no Centro. Estima-se que foi ocupado por aproximadamente 4 mil pessoas. Construído entre a estação de trem da Central do Brasil e o Morro da Providência, foi totalmente demolido por ordem do

Prefeito Barata Ribeiro, em 26 de janeiro de 1893[25], sob alegação de este tipo de habitação coletiva representar foco de doenças e epidemias. O destino de alguns dos moradores despejados foi subir "o morro que existia lá mesmo por detrás da estalagem. Um trecho do dito morro já parecia até ocupado por casebres, e pelo menos uma das proprietárias do Cabeça de Porco possuía lotes naquelas encostas, podendo assim até manter alguns de seus inquilinos" (Chalhoub; 1996, p.17). Antes desse episódio, morar em casas de cômodo era tática escolhida por parcela considerável da população carioca de baixa renda à procura de estabelecer-se perto dos principais polos de empregos e lugar dos maiores salários oferecidos na época, o Centro e parte da Zona Norte.

Com a proibição dos cortiços começava a era das favelas, reforçada pela chegada de milhares de soldados egressos em janeiro de 1897 da Guerra de Canudos, travada no interior da Bahia entre tropas da recém criada República – havia oito anos apenas que a família Imperial fora expulsa do Brasil – e a comunidade sertanista de cunho religioso e monárquico liderada pelo peregrino cearense Antônio Conselheiro. Os republicanos não permitiram a existência dentro do Estado de uma cidade autônoma que não pagava impostos porque se dizia miserável e contrária à nova forma de organização do governo nacional. As adversidades políticas e socioeconômicas foram resolvidas em combate por homens que agora estavam de volta, vitoriosos e sedentos pela recompensa. Enquanto o soldo não viesse, eles não sairiam do assentamento erguido no atual morro da providência, que recebeu esta denominação justamente por ser o local escolhido para esperar pela solução do impasse, pela "providência" do poder público. Também apelidado pelos ex-combates, antes o local era conhecido por Morro da Favela, devido à semelhança com a colina de mesmo nome[26], situada ao norte de Canudos. Se de início o termo "favela" fora apenas uma comparação de formas geológicas, com o tempo passou a significar conjuntos de moradias com precárias condições de habitação, pois, assim se desenvolveu a primeira comunidade carente do Rio de Janeiro, depois da permissão governamental para as famílias dos soldados ali, onde já existiam despejados do Cabeça de Porco, se instalarem permanentemente.

Tão logo ergueram-se aglomerados de "sub-residências", construídos a partir de materiais baratos, degradados ou reaproveitados, sem planejamento arquitetônico ou ajuda de engenheiros, desprovidos do tratamento de despejos orgânicos, mal acabados e ausentes de rebocos, pinturas, encanamentos e fiação elétrica, este tipo de loteamento desordenado em pouquíssimo tempo chegou à Tijuca. Assim como no exemplo anterior, a ocupação dos montes "tijucanos" foi estimulada pelos donos de terrenos nessas encostas. "O português Domingos Alves Salgueiro, proprietário do morro que levaria seu nome, possuía no início do século [XX] vários barracões para alugar. No Borel foram muitos os que, se dizendo proprietários ou com concessões pra tal, exploraram o "rendoso negócio" de venda e aluguel de casas para assentar barracos" (Cardoso; 1984, p.107). Hoje, no bairro, a tendência de segregação da pobreza em superfícies íngremes marcadas por habitações inadequadas já alcança o número de 13[27] favelas, subdivididas em dezenas de comunidades menores, tidas, em relatos de entrevistados, como indesejáveis manchas na paisagem urbana local.

1.4.5 Escolas de Samba

Junto com as favelas desenvolveram-se as escolas de samba no país. O primeiro reduto do então novo ritmo de música popular brasileira, que dominaria o carnaval do Rio de Janeiro e mais tarde se tornaria "tradição" nacional, foi a região conhecida por Cidade Nova, na fronteira entre o Centro e a zona norte da capital fluminense. Convergência de várias comunidades carentes, a exemplo dos morros São Carlos, Querosene, Zinco e Mineira, ali, na rua visconde de Itaúna (demolida em 1941 para abertura da Avenida Presidente Vargas), número 117, morava uma das maiores lideranças negras do período, a tia Ciata. Este endereço, principal ponto boêmio da "Pequena África" – termo cunhado pelo músico Heitor dos Prazeres e consagrado pelo jornalista e pesquisador Roberto Moura com a finalidade de identificar a colônia de afrodescendentes compreendida pelos bairros entre a Cidade Nova e a zona do cais do porto, passando por Gamboa, Saúde e Santo Cristo, de acordo com citação de Vianna (2004, p.19) – era um dos poucos lugares na cidade onde as várias vertentes da cultura negra, inclusive ritos religiosos e artísticos, se podiam manifestar mais tranquilamente sem o importuno de agentes da segurança pública. Naquela época, os cultos e hábitos de origem africana eram reprimidos pelo catolicismo oficial, contudo o marido de tia Ciata, João Batista da Silva, funcionário de gabinete do Chefe de Polícia do município, garantiu a devida proteção contra as sanções da lei para as celebrações dos famosos pagodes, no sentido original da palavra, ou seja, festas regadas a bebida, comida e música, ocorridos na casa com a participação até de algumas autoridades políticas e muitos dos ilustres cantores populares do momento como Pixinguinha, João da Baiana, o já mencionado Heitor dos Prazeres e outros. Entre esses últimos, em 1916, estava o compositor carioca Donga que, em parceria com o jornalista Mauro de Almeida, também carioca, depois de ouvir versos de improviso cantados numa roda de bambas composta por José Barbosa da Silva (o sinhô), Hilário Jovelino, João da Mata, Germano Lopes e a anfitriã, escreveu o lendário rascunho do considerado primeiro samba da história, intitulado "Pelo telefone", gravado no final do mesmo ano pelo próprio Donga. O sucesso da canção na folia de 1917 superpôs o samba como ritmo por excelência do carnaval carioca e sufocou outras batidas que lutavam pelo mesmo posto, casos da polca, maxixe e choro.

Quem rapidamente percebeu a ascensão do noviço compasso musical foi um grupo de "malandros" cariocas moradores do Estácio, bairro vizinho à "Pequena África", liderado por Ismael Silva, Nilton Bastos e Alcebíades Barcelos (o Bide). Eles não só adotaram a cadência recente nos blocos carnavalescos aos quais pertenciam, pois a mesma era mais agradável aos desfiles do que o ritmo comum das rodas de samba, como também lançaram discos ontológicos. A fama provocada pela venda dos álbuns musicais foi o último golpe nos demais gêneros de carnaval. Todos quiseram aprender o estilo do Estácio. A demanda pelas aulas fez Ismael Silva fundar em 12 de agosto de 1928 a inédita Escola de Samba Deixa Falar. Nascida ainda como Bloco[28], só mais uma dentre as demais manifestações festivas existentes naquele instante no carnaval do Rio de Janeiro, a exemplo dos Ranchos[29], Cordões[30], Corsos[31] e as Sociedades Carnavalescas[32], a inspiração de Ismael logo se transformaria na maior festa popular da cidade. Além de abraçar o samba, o criador da Deixa Falar foi feliz na escolha do nome, segundo o próprio porque "havia aquela disputa com Mangueira, Oswaldo Cruz, Salgueiro, cada um querendo ser melhor. E o pessoal do Estácio dizia: 'Deixa falar, é daqui que saem os professores'" (Ibdem; p.44); e acertou também na seleção das características buscadas nas outras formas de brincar a pré-quaresma que misturadas metamorfosearam-se em Escola de Samba. Dos Blocos veio a preocupação com um enredo, dos ranchos os mestres do desfile (e, mais tarde, o casal de porta-estandarte e mestre-sala), dos Cordões a exclusividade dos instrumentos de percussão, dos Corsos os carros alegóricos e das Sociedades Carnavalescas a presença marcante das fantasias.

Poucos meses depois da fundação da Deixa Falar, em 20 de janeiro de 1929, "representantes do Bloco do Estácio, do Bloco Carnavalesco Estação Primeira (Mangueira) e do Conjunto Carnavalesco Oswaldo Cruz (Portela) reuniram-se para uma disputa no Engenho de Dentro, na casa de Zé Espinguela – figura fascinante, alufá (pai de santo da linha islâmica), sambista, fundador da Mangueira e namorador compulsivo... O samba vencedor foi o de Heitor [dos Prazeres], que tinha sido levado para Madureira por Paulo da Portela para que transmitisse o que aprendera no Estácio" (Ibdem; p.44). Deste concurso inaugural ainda amador das Escolas de Samba surgiu, em 1932, o primeiro campeonato oficial, conquistado pela Mangueira e patrocinado pelo Jornal Mundo Esportivo[33]. 19 concorrentes se inscreveram, inclusive a Unidos da Tijuca, quarta colocada na ocasião. Na competição do ano seguinte, das 25 candidatas, 5 eram da Tijuca. Além da referida acima, desfilaram as vizinhas Azul e Branco e Príncipe da Floresta (ambas do Morro do Salgueiro), União do Uruguai (do Morro de São Roque) e Estrelas da Tijuca (sem local de sede definido[34]). Naquele 1933, a Unidos da Tijuca, segunda colocada, atrás da bicampeã Mangueira, recebeu destaque especial dos jornais *Correio da Manhã* e *O Globo*[35] por ter escolhido uma canção "de acordo com o enredo", um fato considerado prenúncio dos sambas-enredo que só ficaram obrigatórios a partir de 1946.

Devido à proximidade privilegiada com os locais históricos do dito ritmo musical, não foi difícil o som das cuícas, padeiros, surdos e tambores chegar em território "tijucano". Na fronteira deste com a Cidade Nova, onde nasceu "Pelo telefone", há somente o Estácio já muito falado e menos de uma dezena de ruas do Rio Comprido. Também aqui, assim como as antepassadas, a mais antiga Escola do gênero na Tijuca[36], constituída em 31 dezembro de 1931 e campeã dos certames de 1936, 2010, 2012 e 2014, tem origem em uma área de favelas, o Morro do Borel. O mesmo vai acontecer com as outras duas agremiações carnavalescas atuais do bairro, a Império da Tijuca, fundada em 1940[37] no Morro da Formiga, e a Acadêmicos do Salgueiro, criada no morro de mesmo nome em 1953. Das três é a última a mais popular entre os moradores dos arredores, não só pelos 9 títulos dos campeonatos de 1960, 1963, 1965, 1969, 1971, 1974, 1975, 1993 e 2009, mas, para corroborar com Weyrauch e Motta (1999), porque a Escola absorveu as representações típicas da Tijuca pequeno burguesa ao ser a pioneira a receber elementos das classes médias circundantes e, consequentemente, a promover uma crescente troca social e cultural com o bairro. Esse casamento do "morro" com o "asfalto" rendeu uma inédita conquista para a agremiação apenas sete anos depois de formada pela fusão das Escolas Depois Eu Digo (do vizinho morro do Turano), Azul e Branco (aquela do desfile de 1933) e Unidos do Salgueiro (lançada em 1937). O luxo e o planejamento meticuloso (tornados indispensáveis dali em diante) promovidos por profissionais antes estranhos aos desfiles, mas agora cooptados pelo Salgueiro, a exemplo dos artistas plásticos Dirceu Neri e Marie Louise da Escola Nacional de Belas Artes, responsáveis por produzir as fantasias de destaques, e do Professor da mesma instituição e cenógrafo do Theatro Municipal do Rio de Janeiro, Fernando Pamplona, predecessor dos carnavalescos, introduziram um novo formato de fazer o espetáculo, revolucionaram, renovaram o carnaval carioca até chegar nos moldes dos dias de hoje.

Mas porque tal processo se deu inicial e justamente com o Salgueiro? A explicação pode estar no fato de a Escola ter se constituído exatamente no início dos anos de 1950, num período pouco anterior às alterações provocadas no traçado da cidade pelo plano urbanístico do arquiteto grego Constantino Doxiádis. Posto em prática, este projeto, junto com intervenções anteriores, terminou por valorizar, sobretudo, a zona sul do Rio de Janeiro através da abertura de vias expressas para a ligação da orla com o restante do município, principalmente com o Centro e a zona norte, cujas obras foram concluídas no despertar da década seguinte. A moderna infraestrutura de bairros como Botafogo, que recebeu particular atenção, Copacabana, Leme, Ipanema, Leblon, Flamengo, Laranjeiras e outros seduziu quem poderia pagar por moradias perto das praias, também transformadas em modismo por estratégias de *marketing* imobiliário para aumentar ainda mais a atratividade da área. Muitas famílias tijucanas rumaram para o mesmo destino. Quem ficou no antigo bairro da nobreza tratou, a partir de então, de manter o prestígio da Tijuca frente às demais partes da cidade. A Escola de Samba do Salgueiro foi apenas um dos meios usados pelos moradores remanescentes para construir uma nova identidade que mesclava os moradores das favelas, o operariado e, majoritariamente, as classes médias e médias altas. Quando Nelson de Andrade, ex-presidente do Salgueiro, em 1960, cunhou o lema da agremiação, "nem melhor nem pior apenas uma escola diferente", ele refletia um sentimento de quem não mais se assemelhava com a elite da zona sul tão menos com os estratos da zona norte, enfim uma alusão ao que Machado de Assis já predizia em 1876 na obra Helena: o melhor da Tijuca "é este meio-termo de Andaraí; nem estamos fora do mundo nem no meio dele (p.127)". Devidamente atualizada, esta dualidade de princípios vai caracterizar o comportamento do "tijucano" médio nos 50 anos seguintes a esta fase de transição, sobre a qual falaremos a seguir.

1.5 Os anos de 1950

O cenário urbano encontrado no Rio de Janeiro dos anos de 1950 foi resultado do adensamento populacional e da disseminação dos grandes edifícios ocorridos nas décadas anteriores de 30 e 40. No início dos anos 30, na Tijuca "havia menos de uma dezena de prédios altos com 5 ou mais pavimentos" (Cardoso; 1984, p.114). A expansão do bairro se verticalizou a partir de 1937 quando uma lei municipal de zoneamento proibiu a implantação de fábricas em locais destinados ao uso residencial, casos das zonas norte, parcialmente estruturada, e sul, beneficiada pela ascensão modista do hábito de tomar banho de mar[38] e por uma série de obras de urbanização como a perfuração dos túneis Velho (Alaor Prata), em 1892, Novo (Engenheiros Coelho Cintra e Marques Porto), de 1906, e do Pasmado, pronto em 1952, todos entre Botafogo e Copacabana; o Corte do Cantagalo entre Copacabana e a Lagoa, finalizado em 1938; a completa demolição do Morro do Castelo, no Centro, em 1921, cujo solo foi usado para aterrar a enseada da Glória, parte da Urca, o Jardim

Botânico e a Lagoa Rodrigo de Freitas; a abertura dos canais no Jardim de Alah e Avenida Visconde de Albuquerque no final do Leblon; o Aterro do Flamengo, feito com material de mais um morro do Centro posto a baixo, o de Santo Antônio, escavado desde 1921 no contorno do Largo da Carioca; e o rápido loteamento em Botafogo iniciado em 1925 com o advento de dezenas de ruas apoiado pelo poder público.

Ao mesmo tempo em que a Praça Saenz Peña era apreciada por se desenvolver como importante polo de serviços e abastecimento de produtos, "esse caráter veio se consolidando desde que a área ao redor da praça passou a ter função de subcentro comercial da cidade do Rio de Janeiro, a partir da década de 1940" (Santos, Leite, França; 2003, P.81), a zona sul, modernamente concebida junto ao Centro e irrigada pela orla marítima, passava "a ser a região mais procurada na cidade pelas camadas altas da sociedade carioca, adquirindo o status de região mais charmosa do Rio. Muitos tijucanos pertencentes à elite se mandaram para lá, principalmente para Copacabana" (Cardoso; 1984, p.132), o que possivelmente provocou animosidade entre as duas localidades:

> "Na década de 1950, começou a desenvolver-se uma rivalidade do bairro da Tijuca com o bairro de Copacabana, que passara a se destacar como local moderno e elegante, devido à presença dos grandes edifícios residenciais, bares e boates, além da praia, que proporcionava um novo modo de vida na cidade. Em contrapartida, os(as) moradores(as) da Tijuca procuraram se diferenciar acentuando as características de seu bairro, como a tradição e o "ar aristocrático" da "cidade na floresta" e dos "primorosos jardins" herdados de

outros tempos, quando lá moravam ilustres e ricos da época do Império. A Tijuca e seu centro, a Saenz Peña, eram lugares fortemente vividos por seus(suas) moradores(as), que se orgulhavam da floresta, dos "grandes cinemas", grandes clubes, grandes sorveterias e grandes casas comerciais" (Santos, Leite, França; 2003, P.84).

Com a transferência da elite carioca para a zona sul, aqueles que permaneceram em terras "tijucanas", no processo de manter a imagem do lugar face ao restante da cidade, enaltecerem o brio do passado, a estima pela intelectualidade, os serviços de locomoção, a gama de sedes esportivas e outras qualidades características da área, facilidades não compartilhadas com o restante da Zona Norte. Apesar disso, Oliveira (2001) e Velho mostraram que o comportamento do habitante da Tijuca também é distinto de quem vive na zona sul:

"Em toda a Zona Norte, Tijuca inclusa, o senso comum destaca uma solidariedade mais intensa, ênfase à vida comunitária, sobretudo nas relações de parentesco e vizinhança; existência de um maior controle das relações sociais, levando a uma maior intimidade e aproximação das pessoas e uma valorização da família. Quanto à zona sul seus valores se explicitam nas relações mais individualistas; impessoais; o afrouxamento dos laços de amizade e solidariedade, etc (VELHO, 1973)" (Oliveira; 2001, p.6).

Da ruptura provocada pelos anos de 1950 surgirão as gerações dos próximos 50 anos na Tijuca. Como o bairro se desenvolveu daqui por diante é objeto do tópico a seguir.

1.6 Até os dias de hoje

O cenário urbano encontrado no Rio de Janeiro dos anos de 1950 foi resultado do adensamento populacional e da construção disseminada de grandes edifícios nas décadas de 1930 e 1940. No território "tijucano" não foi diferente; prédios altos, condomínios de muitos blocos, vilas fechadas e a configuração de novas ruas avançaram sobre os antigos casarões abandonados. No alvorecer da década de 1960, o predomínio das construções de concreto armado resultou na propagação de milhares de apartamentos, casas, sobrados e bangalôs, ocupados por uma população preponderantemente de classe média. A liberação ao trânsito dos túneis Santa Bárbara (1963), entre o Catumbi e Laranjeiras, e Rebouças (1967), para servir de ligação do Rio Comprido à Lagoa Rodrigo de Freitas, permitiu o acesso mais rápido à Tijuca. Com a chegada do metrô (1982), servido por três estações[39], Praça Afonso Pena, São Francisco Xavier e Praça Saenz Peña, o bairro voltou a ser valorizado e requisitado como local de moradia. A explosão demográfica propiciou uma multiplicidade social de escalas sem precedentes. Nesta combinação, prevaleceram no perfil dos residentes atuais da região valores e hábitos como frequentar *shoppings centers* vindos das camadas médias, maioria entre esses habitantes, mas não sem que recebessem influências culturais das classes mais baixas e faveladas, principalmente por meio do samba. Este embate, aliás, do conservadorismo centenário com o inovador, da moral de outrora contra as condutas próprias do nosso tempo, do clássico versus a cultura de origem popular, do idoso com o jovem, do pobre com o próspero, se consagrou marca registrada da personalidade local.

Se por um lado indivíduos do bairro aqui estudado aderiram às lojas do Tijuca Off-Shopping, erguido em 1991 e expandido em 1994, ou do Shopping Center Tijuca, entregue em 1996, signos óbvios da civilização do final do século XX e despertar do XXI, concorrentes da praça Saensz Pena[40], atualmente de vitalidade transferida, centralidade esvaziada e identidade diluída (Santos, Leite e França; 2003), por outro esses sujeitos também cultivam a calmaria das praças e largos: "felizmente, o amor tijucano pelas praças ainda continua, quase metade dos entrevistados frequenta as praças do bairro. A Tijuca possui 15 praças e 6 largos ao todo e, ao contrário da Saenz Peña, ainda preservam seu aspecto de cidade do interior" (Oliveira; 2001, p.18). Nesta dupla interação está visível mais uma vez a ambiguidade peculiar desses cidadãos na relação com o meio circundante. Lidar com os extremos fez do "tijucano" um tipo acostumado a caminhar pelas fronteiras da vida urbana no Rio de Janeiro.

Ao fim, com base neste levantamento histórico, além da esperada dicotomia de conceitos psicossociais, caracterizada pelo encontro dos extremos, o pesquisador que investigar grupos da Tijuca irá deparar-se com pessoas moderadamente conservadoras; de todas as classes econômicas, mas principalmente das bem providas; que tenham apreço à educação e à prática esportiva; torcedores de futebol; eventualmente cinéfilos; amantes de desfiles de carnaval; bairristas orgulhosos de serem "tijucanos"; e boêmios de bailes, bares, restaurantes e esquinas. Eis algumas das características emergidas do passado da Tijuca que chegam até os dias de hoje.

CAPÍTULO II – A (MINHA)
ESQUINA DA CIDADE

2.1 Metodologia

Muitos autores já escreveram sobre a complexidade de se realizar pesquisa social no meio urbano (Magnani, 2002; Velho, 1978, 1980, 2003; Oliven, 1980; Da Matta, 1978). Um dos principais problemas apontados é a familiaridade do pesquisador com a urbanidade, pois ele próprio é, em geral, um ser da cidade, tendo constituído sua formação familiar e profissional em ambientes, de certa forma, similares aos objetos de suas análises. Além disso, existe uma enormidade de dados gerados pela imensidão de atores que interagem nessa realidade citadina, sobretudo, nas sociedades complexas[41]. Outro problema é a definição do tamanho do campo a ser estudado, isto é, o universo das interações sociais observadas no estudo. Diante dessas considerações, optei por analisar a (minha) esquina da cidade[42], formada pelas calçadas direita da rua Haddock Lobo e esquerda da rua Professor Gabizo, na Tijuca, zona norte do Rio de Janeiro, através da fusão de dados sociais com uma etnografia, mas não-detalhada, pois este método e alguns de seus conceitos, que serão a base dessa pesquisa, permitem transpor as barreiras acima citadas.

Em *O ofício de etnólogo ou como ter "anthropological blues"* Roberto Da Matta (1978, p. 28) diz que:

> "Vestir a capa de etnólogo é aprender a realizar uma dupla tarefa que pode ser grosseiramente contida nas seguintes fórmulas:

(a) transformar o exótico em familiar e/ou (b) transformar o familiar em exótico. E, ambos os casos, é necessária a presença de dois termos (que representam dois universos de significação) e, mais basicamente uma vivência dos dois domínios por um mesmo sujeito disposto a situá-los e a apanhá-los. É preciso ter emoção e vocação para apreender no outro o próprio outro sem pré-conceitos, apreender no dia a dia".

Seguindo nessa perspectiva, Gilberto Velho (1980, p.18), em *O antropólogo pesquisando em sua cidade: sobre conhecimento e heresia,* adverte que:

"Seu trabalho [do pesquisador] é de natureza interpretativa. Não uma interpretação de dados brutos, "objetivos" e "naturais", mas uma interpretação de interpretações. O antropólogo lida e tem como objetivo de reflexão a maneira como culturas, sociedades e grupos sociais representam, organizam e classificam suas experiências. Neste sentido sua tarefa consiste em captar o arbitrário cultural que define toda e qualquer sociedade. O problema teórico com que nos defrontamos é perceber a abrangência desses sistemas de classificação e representações".

Nesse ponto, o autor chama a atenção para algumas dificuldades de pesquisar a cidade: antes de realizar um estudo social é preciso, primeiro, fugir da imensidão de atores que negociam a realidade dentro das sociedades complexas e definir o alcance das interações sociais observadas no estudo. Sobre a negociação da realidade, Velho (1978; p.41) afirmou que "existe o dissenso em vários níveis, a possibilidade do conflito é permanente e a realidade está sendo sempre negociada entre atores que apresentam interesses divergentes. A ciência social surge e se desenvolve nessa conjuntura, tendo toda uma dimensão iconoclasta voltada para o exame crítico e dessacralizador da sociedade". Compreende-se da literatura antropológica que fatos sociais devem se basear em categorias, padrões, variáveis passíveis de serem comparadas e entendidas pelo grupo do eu (pesquisador) e pelo grupo do outro (pesquisados), onde todos percebem com clareza – parafraseando Roque de Barros Laraia (1986) – *Como opera a cultura*[43] do meio ou de qualquer meio humano avaliado. É através do exame crítico dos fatos sociais que o cientista decifra e tece o conjunto maior. Assim, a cultura é, em última análise, o objeto final das pesquisas sociais.

O analista deve, dessa maneira, formular uma hipótese, uma pergunta, um porquê da existência de um fato social. Por exemplo, no estudo aqui proposto quero saber por que diferentes gerações acolheram a esquina da rua Haddock Lobo com a rua Professor Gabizo, na Tijuca, como o principal ponto de sociabilidade fora da casa e do trabalho. Um olhar mais superficial já é capaz de intrigar. No cruzamento desta esquina, somente nos quatro quarteirões que a formam existem cerca de mil endereços. Se cada residência for ocupada por quatro pessoas de duas gerações (pais e filhos), são 4 mil transeuntes diariamente nas proximidades. Ao observar esse lugar já se percebe que alguns indivíduos são frequentadores assíduos, talvez umas 50 pessoas. Assim, pode-se sugerir que apenas 1,25% dos 4 mil moradores das redondezas escolheram esta esquina do seu bairro para encontrar conhecidos. Por que tão poucos!? O que os motiva a ser "esquineiros"? Como se formam esses grupos de esquina neste recorte espacial específico é minha curiosidade maior e ponto principal dessa pesquisa.

No encontro, entre as primeiras informações, o primeiro contato com o campo e as inspirações teóricas, como disse Magnani (2003) ao citar Lévi-Strauss (1908-2010), surge o *"insight*, uma forma de aproximação própria da abordagem etnográfica, que produz um conhecimento diferente do obtido por intermédio da aplicação e análise de, digamos, 300 questionários ou de outras tantas entrevistas. Trata-se de um empreendimento que supõe outro tipo de investimento, um trabalho paciente e continuado ao cabo do qual e em algum momento, como mostrou Lévi-Strauss, os fragmentos se ordenam, perfazendo um significado até mesmo inesperado" (Magnani; 2003, p.85). Portanto, é com base no confronto entre as proposições iniciais e o campo que é produzido o conhecimento social.

Quando Gilberto Velho diz que "o problema teórico com que nos defrontamos é perceber a abrangência desses sistemas de classificação e representações", isso significa desvendar o alcance das interações estudadas e a quantidade de atores envolvidos. Magnani (2002, p.18) assinala que "um recorte bem estabelecido é condição para o bom exercício da etnografia", e aponta para o perigo de se cair numa mera descrição sem valor científico se não for levado em consideração, na análise de grupos específicos, o pressuposto da totalidade[44], ou seja, de que o indivíduo além de pertencer ao grupo, ao mesmo tempo participa de escalas maiores, como o bairro, a cidade, o país, etc.: "Não se trata, evidentemente, daquela totalidade que evoca um todo orgânico, funcional, sem conflitos; tampouco se trata de uma totalidade que coincide, no caso da cidade, com os seus limites político-administrativos: em se tratando de São Paulo, por exemplo, é impensável qualquer pretensão de etnografia de uma área de 1.525 km^2 ocupada por cerca de doze milhões de pessoas. No entanto, renunciar a este tipo de totalidade não significa embarcar no extremo oposto: um mergulho na fragmentação. Se não se pode delimitar uma única ordem, isso não significa que não há nenhuma; há ordenamentos particularizados, setorizados; há ordenamentos, regularidades (Ibdem; p.18-19)".

Magnani sugere buscar esses ordenamentos, essas regularidades em dois campos, o primeiro chamado "da cidade", compreendido pela "cidade em seu conjunto", e o segundo nomeado "na cidade", traduzido em "cada prática cultural assignada a este ou àquele grupo de atores em particular". Assim, as categorias de análise, surgidas necessariamente entre esses dois polos ("da cidade" e "na cidade") precisarão considerar que "os indivíduos transitam entre os domínios do trabalho, do lazer, do sagrado, etc., com passagens às vezes quase imperceptíveis. Estão na interseção de diferentes mundos" (Gilberto Velho; 1994, p.26). Dito de outro jeito, pensar em totalidades no sentido de Magnani significa levar em conta que as pessoas vivenciam várias realidades além daquela do grupo focalizado pela pesquisa social em questão, elas trazem e levam experiências em todos os seus níveis de relacionamento:

> "Para captar essa dinâmica, por conseguinte, é preciso situar o foco nem tão de perto que se confunda com a perspectiva particularista de cada usuário e nem tão de longe a ponto de distinguir um recorte abrangente, mas indecifrável e desprovido de sentido. Em outros termos, nem no nível das grandes estruturas físicas, econômicas, institucionais, etc., nem no das escolhas individuais: há planos intermediários

onde se pode distinguir a presença de padrões, de regularidades. E para identificar essas regularidades e poder construir, como referência, algum tipo de totalidade no interior da qual seu significado possa ser apreciado, é preciso contar com alguns instrumentos categoriais de análise, como será discutido a seguir" (Magnani; 2002, p.20).

O autor então sugere algumas definições que permitem melhor entender os espaços da cidade: pedaço, pedaço público, mancha, trajeto e circuito. Apresento-os:

Pedaço – "quando o espaço – ou um segmento dele – assim demarcado torna-se ponto de referência pra distinguir determinado grupo de frequentadores como pertencentes a uma rede de relações... Uma primeira análise mostrou que esta noção era formada por dois elementos básicos; um de ordem espacial física – configurando um território claramente demarcado ou constituído por certos equipamentos [ponto de ônibus, quadra de esportes, farmácia, etc.] – e outro social, na forma de uma rede de relações que se estendia sobre esse território... [assim], não bastava passar por este lugar ou mesmo frequentá-lo com alguma regularidade para *ser do pedaço*; era preciso estar situado (e ser reconhecido como tal) numa peculiar rede de informações que combina laços de parentesco, vizinhança, procedência, vínculos definidos por participação em atividades comunitárias, desportivas e etc." (Ibdem; p.21).

Pedaço Público – "diferentemente do que ocorria no contexto da vizinhança, os frequentadores não necessariamente se conhecem – ao menos não por intermédio de vínculos construídos no dia-a-dia do bairro – mas sim se reconhecem como portadores dos mesmos símbolos que remetem a gostos, orientações, valores, hábitos de consumo e modos de vida semelhantes" (Ibdem; p.22).

Mancha – "áreas contíguas do espaço urbano dotadas de equipamentos que marcam seus limites e viabilizam – cada qual com sua especificidade, competindo ou completando – uma atividade ou prática predominante... a mancha cede lugar para cruzamentos não previstos, para encontros até certo ponto inesperados. Numa determinada mancha sabe-se que tipo de pessoas ou serviços se vai encontrar, mas não quais (Ibdem; p.22-23)".

Trajeto – "aplica-se a fluxos recorrentes no espaço mais abrangente da cidade e no interior das manchas. É a extensão e, principalmente, a diversidade do espaço urbano para além do bairro que colocam a necessidade de deslocamentos por regiões distantes e não contíguas: esta é uma primeira aplicação da categoria: na paisagem mais ampla e diversificada da cidade, trajetos ligam equipamentos, pontos, manchas, complementares ou alternativos. São caminhos não-aleatórios complementares ou alternativos que ligam equipamentos, pontos, manchas" (Ibdem; p.23).

Circuito – "categoria que descreve o exercício de uma prática ou a oferta de determinado serviço por meio de estabelecimentos, equipamentos e espaços que não mantêm entre si uma relação de contiguidade espacial, sendo reconhecido em seu conjunto pelos usuários habituais: por exemplo, o circuito gay, o circuito dos cinemas de arte, o circuito neo-esotérico, dos salões de dança e *shows black*[45], do povo-de-santo, dos antiquários, dos *clubblers* e tantos outros" (Ibdem; p.23-24).

A partir do exposto, considero que uma esquina da cidade, onde atua um determinado grupo, se encaixa perfeitamente na noção de "pedaço". Na esquina Haddock Lobo-Professor Gabizo, por exemplo, como já dito, percebe-se não passar de 50 o número de pessoas que reconhecidamente fazem parte de um grupo de frequentadores do lugar e a interação entre ele se dá em geral em frente ou dentro do bar mais recuado para a Gabizo. Trata-se de um boteco ou botequim: um bar popular. O local tem um "certo" aspecto de limpeza, todo azulejado em branco do chão até metade das paredes, o balcão toma dois terços da área interna de modo que sobra apenas um estreito corredor até o banheiro no final do estabelecimento. O tamanho não passa de 30 metros quadrados. Na frente são colocadas mesas e cadeiras para os frequentadores. Em certas oportunidades, os "esquineiros" Haddock-Gabizenses ficam num segundo bar, interligado ao primeiro, com mais do dobro do tamanho e com serviços de sucos, lanchonete, restaurante, drinks etc., enfim, polivalente, moderno e mais caro. Só nesse primeiro olhar já é possível observar a opção por utilizar os serviços do estabelecimento de menor custo e a preferência pelas calçadas em detrimento das dependências internas.

Nesse ponto, é prudente enfatizar a questão da intimidade do pesquisador com a cidade: o analista precisa de um certo distanciamento para observar de dentro com olhar de quem está fora. A esse exercício Velho (1978, p.45) chamou de "estranhamento": "o processo de estranhar o familiar torna-se possível quando somos capazes de confrontar intelectualmente, e mesmo emocionalmente, diferentes versões e interpretações existentes a respeito de fatos, situações". É necessário também, como diz o autor, se afastar, se desprender de ideias pré-concebidas sobre essa ou aquela situação social antes de submeter-se a analisá-la, sob pena de o material produzido ser contaminado por etnocentrismos[46]. Pois bem, foi através da literatura científica que me distanciei do lugar que frequento há mais de 20 anos. Sou do "pedaço", sou da esquina Haddock-Gabizo e constato a importância do "estranhamento". Sem esta ferramenta, certamente não seria capaz de descrever e apreender as práticas sociais vividas no meu "pedaço". Só assim, pude transformar o "familiar" em "exótico" e conhecer sociologicamente essa "esquina" da cidade.

Para entender o meio aqui analisado, apesar do uso da principal ferramenta da antropologia, a etnografia, ao optar-se por fazê-lo de modo menos intenso do que numa pesquisa genuinamente antropológica e por comparar os dados adquiridos com tal instrumento metodológico a um quadro maior de variáveis relacionadas aos âmbitos do bairro, da cidade e do Estado, o presente estudo tem maior caráter sociológico. A dificuldade de separação teórica entre ambas as disciplinas também foi alvo de nota para Gilberto Velho quando este empreendeu a investigação acerca do Edifício Estrela, em Copacabana (1989), num caminho semelhante ao percorrido para se compreender a "esquina de gerações" da Tijuca; de acordo com Velho: "se um sociólogo realiza um estudo de caso mais intensivo, vivendo com seu objeto de pesquisa, seu trabalho pode vir a ser classificado como mais "antropológico", e se, por outro lado, um antropólogo preocupa-se com universos quantitativamente maiores que possam requerer a complementação de um pouco de estatística, será rotulada a sua investigação de "sociológica" (1989; p.19-20).

2.2 Questões para um roteiro de entrevistas

Park (1916; p.35-36) propõe ao investigador urbano a resolução de uma série de questões, com as quais se pode obter conhecimento de grupos atuantes em áreas citadinas:

"Quais são os elementos de que se compõem?

Em que medida são eles o produto de um processo seletivo?

Quais são a permanência e estabilidade relativas de suas populações?

O que existe com relação à idade, sexo e condição social das pessoas?

O que existe com relação às crianças? Quantas nasceram e quantas permanecem?

Qual é a história da vizinhança? O que existe no subconsciente – nas experiências esquecidas ou francamente lembradas – dessa vizinhança que determina seus sentimentos e atitudes?

O que existe perfeitamente consciente, isto é, quais são seus sentimentos, doutrinas etc... reconhecidos?

O que considera como situação de fato? O que é novo? Qual o sentido geral de atenção? Que modelos imita e que representam eles dentro ou fora do grupo?

Qual é o ritual social, isto é, o que se deve fazer, a fim de evitar ser encarado com suspeita ou ser considerado estranho?

Quem são os líderes[47]? Que interesses da vizinhança eles incorporam em si mesmos e qual é a técnica através da qual exercem o controle?" (Ibdem; p.35-36).

A partir dessas questões elaborei um roteiro de entrevistas a fim de melhor apreender os hábitos, discursos, convenções, o *ethos* dos frequentadores do lugar. A primeira dúvida levantada no questionário de Park foi "quais são os elementos de que se compõe o grupo avaliado?

Já foi dito aqui que mesmo uma rápida observação da "esquina" permite perceber a ação permanente de três grupos etários – adolescentes, jovens adultos e adultos maduros –, mas em que medida são eles o produto de um processo seletivo?; quais são a permanência e a estabilidade relativas desses grupos? Em outras palavras, há quanto tempo moram na área, há quanto tempo frequentam e como conheceram a esquina? Dessa forma será possível revelar quais foram os processos de seleção dos atores que formam o grupo bem como funcionam seus mecanismos de manutenção e estabilidade. Na sequência, surgem as perguntas: o que existe com relação à idade, sexo e condição social das pessoas e o que existe com relação às crianças?; quantas nasceram e quantas permanecem? Para suprir estas lacunas decidi produzir uma ficha com os seguintes dados pessoais: Idade, sexo, profissão, renda (de 1 a 2,5 salários, de 3 a 4,5, de 5 a 10, mais de 10[48]), escolaridade (ensino fundamental incompleto, fundamental completo, médio completo, superior incompleto, superior completo, pós-graduação[49]), estado civil, religião e filhos (se houver cabe descobrir se frequentam a esquina e por quê?). Os próximos passos da proposta de Park são de desvendar a história da vizinhança e o que existe no subconsciente – nas experiências esquecidas ou francamente lembradas – dessa vizinhança que determina seus sentimentos e atitudes? Aos esquineiros, qual é a história e quem são os mais antigos no pedaço? Ao comparar tais testemunhos poderei traçar um panorama geral do passado e dos momentos marcantes. Outras questões são o que sentem pela esquina e que ideias defendem por ela?; o que os atrai?; quais são os seus cotidianos?; que tipos de eventos ali são classificados como incomuns ou novidades?; o que alguém deve fazer para ser aceito na esquina?; e qual é o perfil ideal que gostariam de ver em possíveis novos integrantes do pedaço? Por fim, restou a localização do líder que evidentemente não será feita através de questionamentos particulares e sim pela verificação do grupo em sua totalidade, a partir da qual ficarão visíveis não só as lideranças, mas todas as demais posições hierárquicas ali presentes.

Para capturar os mecanismos de origem, formação e funcionamento dos grupos da "esquina" foram realizadas 26 entrevistas. A interpretação deste material se dará por duas vertentes: à luz dos conceitos de S. N. Eisenstadt (1976), pesquisador das condições históricas e sociais nas quais surgem grupos etários em geral; e através do apoio de alguns interlocutores (Ramos, 2006; Souza, 2003; Peixoto, 2000; Velho, 1989; Heilborn, 1984) que em análises de sociabilidades na cidade do Rio de Janeiro extraíram padrões de comportamento passíveis de serem aqui comparados.

CAPÍTULO III – FORMAÇÃO DA ESQUINA

3.1 Breve retrato social dos "tijucanos"

Chegar numa esquina de uma grande cidade a fim de entender melhor as relações socioantropológicas que nela se tecem, além de um prévio recorte histórico do lugar, requer um aprofundamento das análises já elaboradas. É hora de dar cores a esse retrato social. Neste item, o foco é o perfil estatístico do lugar: população, renda, grupos etários, sexo, etc., com a perspectiva de compreender o "uso do território, e não ao território em si", como mostra Milton Santos em *O retorno do território* (2002).

Em 2000[50], o bairro tinha uma população de 163. 636 pessoas. Somente 14 dos 92 municípios de todo o Estado do Rio de Janeiro tinham, nesse ano, um número de habitantes superior ao da Tijuca. Ou seja, é um bairro mais populoso do que várias cidades. Veja a distribuição por faixa de idade na tabela abaixo:

Tabela 1522 - População residente por grupos de idade	
Bairro = Tijuca - Rio de Janeiro – RJ	
Variável = População residente (Pessoas)	
Ano = 2000	
Grupos de idade	
Total	163.636
0 a 4 anos	8.156
5 a 9 anos	8.595
10 a 19 anos	21.825

20 a 29 anos	24.759
30 a 39 anos	22.740
40 a 49 anos	23.359
50 a 59 anos	19.048
60 anos ou mais	35.154

Apesar das mulheres representarem 56,14% da população tijucana, na maioria das 55.995 residências da área, mais precisamente 59,47% delas, o homem era o chefe da família. Com relação aos dados socioeconômicos dos moradores, ainda de acordo com o censo do IBGE, 9,94% dos lares eram mantidos por responsáveis que ganhavam até dois salários mínimos, 14,11% até 5 salários, 21,87% até 10 salários e em 49,66% das residências esta renda era superior a 10 salários mensais.

De todas as moradias da Tijuca, 10.524 eram casas, 45.049 ou 80,45% eram apartamentos e 422 foram considerados cômodos. Quanto à situação de ocupação desses imóveis, 73,72% eram próprios, 20,8% alugados e o restante foi classificado como cedido ou outra forma.

Mais um elemento interessante sobre o habitante dessa região está nos anos de estudo do chefe da família. Em 24,56% dos casos ele não tinha sequer concluído o ensino fundamental, em 8,18% ele possuía só o ensino fundamental, 18,75% terminaram o ensino médio, 35,07% fizeram nível superior, 7,55% superior incompleto e 6,87% apresentaram alguma pós-graduação.

A partir dessas informações[51], pode-se dizer que a Tijuca é um bairro carioca onde predominam as classes médias, a grande maioria da população mora em apartamentos, dentre os responsáveis pelos lares 41,94% têm instrução de nível superior ou maior e outros

32,74% apenas o ensino fundamental ou menos. A baixa escolaridade em parcela expressiva dessa população pode residir no fato de que os habitantes das classes populares, que recebem até dois salários mínimos de renda mensal[52], equivalem a 9,94% do total de domicílios ou 5.562 lares – estas famílias viveriam nos 442 cômodos do bairro ou nas favelas dos morros da encosta norte do Maciço da Tijuca.

Os aspectos estatísticos acima citados sugerem que, semelhante ao ocorrido em outras sociabilidades de "rua" no Rio de Janeiro ou em várias cidades brasileiras e do mundo[53], na esquina Haddock-Gabizo podem ser encontrados grupos etários heterogêneos em classe econômica, com prevalência de indivíduos das classes médias e em idades mais avançadas.

3.2 Relações geracionais

Retomando alguns estudos sobre sociabilidade em cidades contemporâneas, eles apontam para a importância das relações geracionais. Em *Os Estabelecido e os Outsiders: sociologia das relações de poder a partir de uma pequena comunidade* (Norbert Elias e John Scotson; 2000), realizado em 1959-60, por exemplo, os moradores mais velhos (Estabelecidos) de uma cidade da Inglaterra mantinham privilégios, status e posições de poder no presente exatamente porque legitimavam uma condição de pretensa superioridade por serem mais antigos na área do que os moradores novos (Outsiders). Semelhante interação passado-presente, surge em *Sociedade de esquina*, de William Foote Whyte (1943). Nesta obra, ao analisar rapazes de esquina em Corneville, uma região pobre e degradada nos arredores de Boston, nos Estados Unidos, o autor constata como esses jovens, que representavam a primeira, ou no máximo a segunda geração, de imigrantes italianos apresentavam hábitos sociais distintos dos pais e avós. Inclusive, os mais velhos apontavam ser este o principal motivo para o aumento da delinquência na localidade, a americanização dos costumes de seus filhos.

Em Corneville, os imigrantes que viveram a curta história urbana do distrito coexistiam com a juventude ítaloamericana estudada por Foote Whyte na década de 30. A identidade dos segundos estava fortemente ligada às suas diferenças, e até mesmos antagonismos, frente à inevitável presença comparativa com os primeiros. O mesmo fenômeno do encontro de dois momentos se repete em Winston Parva onde os Estabelecidos garantiam sua posição por terem chegado à cidade antes de seus novos e contemporâneos vizinhos Outsiders. Já na Tijuca, não se percebe esta tensão entre os mais antigos do bairro e a atual população, talvez pelo fato da região ser considerada área urbana desde 1870, assim pode-se supor que já são aproximadamente 7 gerações de tijucanos. Na esquina Haddock-Gabizo, particularmente, percebemos a presença constante de três grupos etários facilmente identificáveis: o primeiro composto de adolescentes e jovens (até 25 anos), o segundo de jovens adultos (entre 26 e 35 anos) e o terceiro dos adultos maiores de 50 anos. Ali é possível perceber que os laços de vizinhança superam em muito o pouco parentesco entre esses três grupos etários. A atuação de cada grupo é totalmente independente e autônoma dos demais. Eles se reconhecem como pertencentes ao mesmo "pedaço", se respeitam como tal e até interagem em determinadas ocasiões, mas possuem dinâmicas próprias sem ligações marcadas por tradições ou elos familiares. Os "esquineiros" que convivem há mais tempo – obviamente no grupo dos mais velhos – mantêm relação de amizade há cerca de trinta anos, e não mais que isso.

Robert Ezra Park, em *A cidade: sugestões para a investigação do comportamento humano no meio urbano*, mostra que a ação do tempo sobre territórios metropolitanos apresenta certos padrões bem próximos ao visto na "esquina" aqui analisada. Para Park "através dos tempos, todo setor e quarteirão da cidade assume algo do caráter e das qualidades de seus habitantes. Cada parte da cidade tomada em separado inevitavelmente se cobre com os sentimentos peculiares à sua população. Como efeito disso, o que a princípio era simples expressão geográfica, converte-se em vizinhança, isto é, uma localidade com sentimentos, tradições e uma história sua. Dentro dessa vizinhança a continuidade dos processos históricos é de alguma forma mantida. O passado se impõe ao presente, e a vida de qualquer localidade se movimenta com um certo momento próprio, mais ou menos independente do círculo da vida e interesses mais amplos ao seu redor" (Park; 1916, p. 30). Nesse caso, o momento próprio da esquina Haddock-Gabizo seria o dos últimos cinquenta anos.

CAPÍTULO IV – FORMAÇÃO DA ESQUINA

4.1 Grupo etários

Ao sistematizar uma série de estudos etnográficos, antropológicos e históricos sobre várias sociedades – primitivas, históricas e modernas – Eisenstadt (1976) concluiu que os grupos de idade[54] constituem-se apenas onde a maturidade sexual e independência social são conquistados não por meio de critérios integrativos particularistas baseados na vida familiar qualitativa, mas a partir de critérios integrativos universalistas que valorizam as realizações, como é o caso das sociedades modernas. "Os grupos etários surgem em sociedades nas quais a família (ou unidade de parentesco) não constitui a unidade fundamental da divisão econômica e social do trabalho e na qual o indivíduo adquire e apreende várias disposições gerais de papéis que não podem ser apreendidos dentro da família" (Ibdem; p.254). Intrínseco ao axioma acima está o necessário aparecimento dessas organizações no estágio de transição entre a adolescência e a vida adulta. Assim constatado, o autor destaca três tipos principais de conjuntos juvenis: o informal, o do sistema escolar e o das agências mantidas por adultos. Neste último, onde a coesão é estimulada de fora para dentro pela atribuição de tarefas apenas auxiliares, de "treinamento", a exemplo de escoteiros, organizações religiosas, políticas, institutos militares, etc., a característica marcante é a ruptura da solidariedade interna do grupo com o começo da maturidade social, pois a consecução de trabalho, casamento, estabilidade e outras necessidades está além de suas diretrizes institucionalizadas. Nos grupos de escola, "a educação oficial é muito prolongada, mas, ao contrário do que ocorre nas classes mais baixas, existe uma forte conexão entre e ela e a vida grupal espontânea da juventude. Em alguns casos os grupos juvenis espontâneos encontram sua quase total expressão dentro do âmbito da escola" (Ibdem; p.215). Em item à frente veremos um exemplo dessa forma de sociabilidade. Por enquanto, é interessante notar que os grupos etários de adolescentes tendem a agregar-se no ambiente escolar na medida em que pertençam aos estratos superiores. O tipo informal frequentemente ocorre entre os estratos menos favorecidos que, por vezes, se opõem à escola:

> "Devido à grande ênfase na preparação para a especialização e aprendizagem de várias habilidades, o aspecto da maturação sexual dentro da cultura etária formal da escola, não é tão merecedor de reconhecimento simbólico e apreciação ideológica... Devido a todos estes fatores, a gradação etária e a cultura da escola, as metas fixadas por ela e os papéis desempenhados em seu interior geralmente não constituem – em sociedades modernas ou em alguns dos seus setores – objetivos adequados que respondam às necessidades que surgem na personalidade da criança e do adolescente durante o período de transição, da família para a sociedade total. Por este motivo, a criança e o adolescente apresentam sempre, mais ou menos intensamente, uma propensão para se associarem a grupos etários, nos quais a legitimidade de suas necessidades mais simples serão reconhecidas e permitidas mais atividades espontâneas" (Ibdem; p.149).

A definição acima retrata o caso do grupo mais jovem que frequenta a "esquina". Eles serão, assim, os primeiros "esquineiros" analisados.

4.2 Grupo dos "jovens"

Foram entrevistados cinco dos rapazes: Marcelo, Marcelino, Raul, e os irmãos João e Davi[55], todos moradores das proximidades desde os 7 anos de idade. Eis um quadro mais amplo desse grupo:

	Idade	Profissão	Renda	Escolaridade	Estado Civil	Religião	Filhos
Davi	14	Estudante	-	6º ano do ensino fundamental	Solteiro	Católico não praticante	-
Cacá	18	Estudante/ Balconista	1 a 2,5 salários	3º ano do ensino médio	Solteiro	Católico não praticante	-
Boris	18	Estudante	-	Fundamental incompleto	Solteiro	Católico não praticante	-
Goma	24	Contínuo	1 a 2,5 salários	Fundamental incompleto	Solteiro	Católico nao praticante	1 filha de 4 anos
Leonardo	25	Fiscal de táxi	1 a 2,5 salários	Médio incompleto	Solteiro	Agnóstico	-

Este é um grupo formado por indivíduos de classe econômica baixa (Classe D)[56]. O pai de João e Davi é motorista, a mãe doméstica e ambos declararam renda de 1 a 2,5 salários mínimos mensais. Outras profissões de pais foram: as mães exercendo atividade de auxiliar de serviços gerais e comerciária e os pais de porteiro, zelador e pedreiro, e cada casal tem remuneração semelhante aos pais de João e Davi. Como já foi dito, grupos juvenis espontâneos de estratos inferiores tendem a um maior afastamento da escola. A regra se confirma aqui. Marcelino parou de estudar na 3ª série do ensino médio, Raul e Marcelo, que se disse estudante, mas não se matricula desde 2009, desistiram no 8º ano fundamental, Davi ainda faz a 6ª série fundamental e João terminou o ensino médio em 2011. Com relação ao estado civil, todos eram solteiros, sendo que um tinha filho. Nenhum deles praticava nenhuma religião, embora se declarassem católicos. E No campo Idade, há que destacar o fato de que um deles, Davi, era menor de idade e frequentava o bar com maiores.

Quando perguntei "quais as pessoas que conheciam atualmente na esquina?", Marcelo, Raul e "Paulo" foram os mais citados (4 vezes), João e "Caspa" 3 vezes, Marcelino, Davi, "Felipinho", "Rato" e a "Praça Afonso Pena" 2 vezes e outros nove rapazes que também circulam por ali tiveram apenas uma alusão. No total, foram mencionados 19 nomes, mas nem todos fazem efetivamente parte do grupo dos adolescentes. Apesar dos seus 40 anos, Paulo é o único dos mais velhos que interage frequentemente neste grupo, pois pratica futebol com os garotos – não à toa foi bem lembrado. Os nomes "Caspa", "Rato" e cinco dos nove últimos são na verdade pertencentes à ala dos "jovens adultos" da "esquina".

4.2.1   Falta número e equivalentes femininos

A fácil identificação com indivíduos do grupo imediatamente mais velho, a elasticidade na diferença de idades entre seus membros (de 14 a 25 anos), a citação da "Praça Afonso Pena"[57] entre os conhecidos evidenciam a falta de número, de quantidade de unidades individuais suficientes para formar um grupo capaz de absorver as demandas ali existentes ou construir uma autoidentificação interna mais coesa. Assim como as "turmas de rua" ou de "portaria" identificadas por Velho (1989; p.46-47) em Copacabana:

> "Não passam de uns seis ou sete rapazes, entre uns doze e quinze anos. Quando não estão na escola, que não ocupa mais de quatro ou cinco horas por dia, estão quase sempre em frente ao prédio, na portaria propriamente, às vezes perto da esquina da Rua Barata Ribeiro. As atividades do

grupo são bastante limitadas. Não há lugar próprio para recreação ou esporte. No verão, vão mais à praia, que é, evidentemente, o local de recreação do copacabanense";

Também a juventude tijucana "esquineira" estaria com movimentos restritos se não estendesse sua rede social na direção dos "esquineiros jovens adultos" e/ou da praça.

Além de serem poucos, não há garotas na "esquina". Sequer tiveram algum nome citado. Existem três razões claras para isto. A primeira, que também atinge aos rapazes, reside no fato de o lugar ser demarcado por dois bares, onde o principal atrativo é o consumo de bebidas alcoólicas, um hábito proibido por lei no Brasil para menores de 18 anos e, aparentemente, de frequência irregular entre os adolescentes circunvizinhos que têm ou burlam a idade permitida. A segunda razão é o medo da violência. Sidney Chalhoub (2001) mostrou como o Poder Municipal do Rio de Janeiro na *belle époque*, dentro do projeto de imposição do assalariamento ao trabalhador, promoveu forte campanha de estigmatização dos botecos cariocas ao associarem seus frequentadores com rótulos de "vadios" ou "desordeiros". Esta imagem de lugar marginal permeado por tipos de ocupação duvidosa em oposição aos homens trabalhadores, portanto de família, afasta ainda hoje o público feminino desses recintos, na medida em que são classificados de "populares demais", "mal-localizados" ou "sujos". E a terceira explicação para a homogeneização de gênero entre os mais novos do "pedaço" está em que as moças desta parte da Tijuca preferirem uma sociabilidade como a relatada por Velho (1989, p.47-48) em Copacabana: "aparentemente [as garotas] ficavam mais em casa ou saiam mais com parentes ou colegas de escola. Três ou quatro moças de seus vinte, vinte e poucos anos, frequentavam-se, indo umas nos apartamentos das outras; mas, ao contrário dos garotos, não se caracterizavam como sendo 'do prédio', não constituindo nada semelhante a uma 'turma'". Ao contrário da "esquina", "galeras" mistas ou até "grupinhos de mulher", na fala de um dos entrevistados, ocorrem na Praça Afonso Pena.

4.2.2   Satélites da Praça Afonso Pena

A presença de uma cabine da Polícia Militar, a movimentação da estação do metrô e a ampla frequentação da praça fazem dela um espaço considerado seguro para as mães levarem os filhos e para as moças encontrarem seus grupos de amigas e/ou amigos. A sociabilidade juvenil na praça Afonso Pena se assemelha aos contornos descritos por Heilborn (1984; p.86) em Ricardo de Albuquerque na zona suburbana: "é inevitável que nos fins da tarde, mesmo durante o período letivo, encontrar-se rapazes e moças saindo para passear e dirigindo-se para uma ou outra determinada casa. Depois do lanche, em família, agrupam-se aos pés dos portões, das soleiras, nas calçadas, e conversam, brincam e namoram até às dez horas da noite". A Praça Afonso Pena é o grande "quintal da casa" daqueles que a consideram como território de pertencimento (Peixoto; 2000), onde praticam atividades e encontram pessoas do mesmo bairro. Se na "esquina" não há um número fixo de jovens e tem poucas garotas, na praça, os rapazes, que gostam de futebol, se deparam com muitos jogadores e encontram equivalentes femininos com quem estabelecem relacionamentos amorosos. Foi nessa praça que Raul conheceu a mãe de sua filha e João começou a relação com sua atual namorada.

A ligação desse seguimento dos "esquineiros" com a

praça se mostra ainda mais estreita quando são analisadas as respostas às perguntas "há quanto tempo mora, conhece e frequenta a área?" e "o que sabe sobre a formação do grupo?". Raul, por exemplo, assim afirmou: "comecei descendo e andando com os caras mais velhos que já andavam na rua. Eu ficava com meu irmão que é um ano mais velho. Como não tinha muita gente da minha idade, acabei parando mais na Praça Afonso Pena, onde já jogava bola e tinha bem mais gente da minha idade". Ali tornou-se colega de Marcelino: "com uns 15 anos eu jogava o futebol da praça. Lá conheci o Raul que me trouxe pra esquina. Aí conheci a galera e me enturmei com todo mundo". Marcelo também confirma a praça como seu lugar preferencial de encontros: "eu comecei a jogar bola na 'garagem'[58] com o pessoal da esquina e outros times, mas na época me identifiquei mesmo com o pessoal da esquina. Hoje em dia ando mais na Afonso Pena". João e Davi também participam da sociabilidade da praça, mas dizem ser mais ligados à "esquina". Ambos se remetem aos pais, membros da geração "adulto-madura esquineira", e o mais novo dos irmãos destaca que por estarem ali desde cedo foram os primeiros entre os neófitos: "o meu grupo começou comigo e com o meu irmão, depois veio o Marcelo, o filho da 'Baronesa', ... Os moleques vinham com as mães deles, a mãe vinha pro bar e eles vinham junto". Três dos cinco rapazes apontaram a praça e o futebol como os dois espaços de integração fundamentais na formação e manutenção atual do grupo. A esquina propriamente dita ficou em segundo plano para a maioria deles.

4.2.3 Elementos "fortuito", "flutuante" e "permanente"

O grupo juvenil apenas transita na "esquina". Com isso, seu grau de integração com o "pedaço" difere, por exemplo, dos "esquineiros adulto-maduros", muito mais ligados ao lugar. Observei, dessa forma, existirem múltiplos níveis de comprometimento com a sociabilidade na "esquina", a partir dos quais classifiquei três tipos básicos de frequentadores – os elementos "fortuito", "flutuante" e "permanente":

1) "Elemento fortuito" – quando as crianças se encontravam nos bares levadas pelas mães, os contatos eram casuais, fortuitos, inesperados, mas já representavam um começo na aproximação com a "esquina". Do mesmo modo acontece quando alguém, apresentado ou não, chega pelas primeiras vezes no "pedaço". O ineditismo da visita não significa que este voltará, mas de alguma maneira conheceu um pouco dos hábitos locais. Semelhante incerteza quanto à participação também se verifica em quem já pertenceu ao grupo, mas por algum motivo, se afastou e dificilmente ressurge. Assim sendo, considero que aqueles cujo sentimento de pertencimento ao território é ou se torna incipiente por conta de rara ou inconstante frequentação são "elementos fortuitos";

2) "Elemento flutuante" – os que oscilam entre voltar outras vezes e voltar cotidianamente são os "elementos flutuantes", que por sua própria denominação erram por diferentes subníveis de pertencimento compreendidos desde o ficar apenas nos primeiros contatos até o tornar-se "elemento permanente";

3) "Elemento permanente" – A assiduidade é a marca registrada daqueles que ocupam um determinado espaço e o tomam como seu território de sociabilidade. São esses que funcionam como referência para os demais integrantes do grupo cuja presença é menos frequente. Comparecer diariamente no "pedaço", atualizar e estar atualizado às atividades, símbolos, gostos, comportamentos, linguajar,

enfim ao estilo de vida próprio do local caracterizam os "elementos permanentes".

A partir desses três graus de sociabilidade, conclui-se que o grupo juvenil age parcialmente na "esquina", ou seja, é um "grupo flutuante" no local. Seus integrantes mais participativos se reconhecem como "elementos permanentes" da mesma turma que atua de passagem na "esquina" e na forma de um "grupo permanente" na Praça Afonso Pena. Se no futuro se tornarão ou não "esquineiros" em definitivo não há como prever, mas podemos investigar qual é a tendência nessa direção ao focarmos nas razões pelas quais são atraídos, mantêm e ordenam-se na "esquina".

4.2.4 Atrativos e hierarquização na esquina juvenil

Amizade, cerveja e futebol foram as principais respostas às questões "o que te atrai?" e "qual a sua rotina na esquina?" dentre os "jovens".

Os irmãos não consomem bebidas alcoólicas ou raramente o fazem, motivo pelo qual não mencionam a cerveja em suas respostas. A ênfase dada por todos em "Amigos" denota claramente como "transitar" na "esquina" significa ter e manter um meio de solidariedade. Assistir ao futebol na TV funciona como um elo capaz de unir por algumas horas amigos e cerveja na "esquina", onde ficam mais à vontade do que nos bares lotados da praça. Muitas partidas são transmitidas pelos canais abertos e até poderiam ser assistidas em casa, mas ali não teriam a euforia e exaltação que compartilham com os outros "esquineiros", mesmo que limitem tais manifestações ao tempo da duração dos jogos televisionados. Eles seguem este ritual com regularidade, ou seja, assumem o território ao menos duas vezes por semana para acompanhar os campeonatos oficiais pela tevê do bar. Não é o bastante para sinalizar uma maior integração com a "esquina" em idades mais avançadas, mas é um indicativo de que, ao menos por enquanto, esta função o "pedaço" cumpre entre eles.

O grupo juvenil prima por exibir as capacidades físicas como forma de se destacar e adquirir vantagens frente aos demais. Na prática, quem tiver habilidade no futebol e provar sucesso no amor, terá maior reconhecimento. Marcelo e Raul figuram nas primeiras posições porque apresentam melhor desempenho no futebol, por já terem namorada e até um ser pai. Não que a paternidade seja pretendida pelos membros do grupo, ao contrário, ela é vista como uma ruptura da agenda juvenil, cuja liberdade é amplamente valorizada. Entretanto, ser pai funciona como prova do êxito amoroso e é mais valorizado que jogar um bom futebol. João, por exemplo, de nível abaixo dos líderes nas atividades prioritárias, é o mais antigo da área entre eles, mas seu nome foi menos citado. Na busca por prestígio junto à juventude "esquineira" outras práticas comportamentais também influenciam na interação com novos frequentadores.

Não é difícil ingressar no grupo. A já destacada receptividade devido ao reduzido número de membros é aqui corroborada por Davi e Marcelo, que dizem bastar "frequentar" o "pedaço" para ser aceito. Não obstante, para ingressar neste grupo ainda é preciso satisfazer dois pré-requisitos: um de maior importância é, segundo Raul, "não pode ser marrento, arrogante, tem que ser tranquilo". Isto é, ser "amigo", "legal", "comunicativo" ou "gente boa"; e outro requisito é de ordem econômica, qual seja, o pagamento de uma rodada de cerveja para todo o grupo. Esta seria uma maneira de se certificarem de que o candidato a "esquineiro" possa se custear sem solicitar aos demais o financiamento de seu consumo, nem tampouco "pendurar a conta" no bar de frequentação. Esses dois filtros aproximam os "jovens" do "pedaço", pois estimulam o pertencimento a esse espaço e a defesa de sua imagem como um lugar pacato, frequentado por de gente ordeira e por famílias. Considerando que na "esquina" prevalece a sociabilidade masculina, é na Praça Afonso Pena que eles se relacionam com as jovens da sua geração.

4.3 Grupo dos "jovens adultos"

A exemplo do conjunto juvenil, começaremos a análise deste segmento pelo quadro com os dados pessoais de sete entrevistados, seis homens e uma mulher:

	Idade	Profissão	Renda	Escolaridade	Estado Civil	Religião	Filhos
Sheila	27	Estudante	-	Médio completo	Solteira	Agnóstica	-
Cacá	30	Promotor de Vendas	1 a 2,5 salários	Médio incompleto	Casado	Católico	1
Boris	31	Estudante	Acima de 10 salários	Superior incompleto	Solteiro	Ateu	-
Goma	31	Analista de Sistemas	De 5 a 10 salários	Superior incompleto	Solteiro	Ateu	-
Leonardo	31	Analista Tributário	De 5 a 10 salários	Pós-graduando	Casado	Agnóstico	-
Rafael	30	Jornalista	De 3 a 4,5 salários	Pós-graduando	Solteiro	Ateu	-
Ítalo	48	Jornaleiro	De 5 a 10 salários	Superior incompleto	Casado	Agnóstico	2

Do ponto de vista de classe, esse grupo é composto principalmente por pessoas pertencentes às camadas médias. No campo renda há três frações das classes médias (Goma, Leonardo, Rafael e Ítalo). Sheila não tem rendimentos, mora com os pais cujos salários estão na faixa de 1 a 2,5 salários mensais, a mesma remuneração de Cacá. Os dois pertencentes às camadas populares são também os que apresentaram o mais baixo nível de instrução. Boris é estudante, mas declara ganhos acima de 10 salários, pois, nos dizeres de Goma[59], "contou com o pai que é um novo 'milionário brasileiro', já tem

1 milhão de reais em bens e investimentos". O analista de sistema fez o último comentário para referir-se a seu próprio genitor: "falta uns 20% pro meu pai se tornar um 'milionário brasileiro' também" (Goma). Ser pobre ou muito rico não determina a aceitação nesse círculo social. Do mesmo jeito, a escolaridade pouco influencia na condição de membro. Interessante notar que o jornaleiro Ítalo tem renda maior que o jornalista Rafael. Três são casados, mas não conheceram a conjugue na "esquina". Cacá se casou com uma colega de trabalho, Leonardo com uma amiga de faculdade e Ítalo já era casado quando se estabeleceu na área. Assim como o grupo dos "jovens", nos "jovens adultos esquineiros" as mulheres são raras, salvo Sheila (da qual falaremos adiante). Três ateus, três agnósticos e um católico orientado pela pouca disposição da esposa em levá-lo à igreja apontam para como se opõem ao "outro mundo"[60] de modo ainda mais extremado do que o segmento anterior. E no quesito idade, a notável predominância de integrantes em torno dos 30, 31 anos é explicada a partir da formação do grupo, quando indivíduos da mesma idade, há quinze anos, se aglutinaram para criar uma identidade coletiva própria baseada na "esquina".

4.3.1 Formação da esquina "jovem adulto"

Para Eisenstadt (1976; p.214) alguns "grupos Juvenis, a maior parte do tipo desorganizado – 'turmas', 'quadrilhas', 'grupos da esquina' etc. – levam uma vida muito intensa num determinado período da vida e então gradualmente evolucionam no sentido de grupos informais de adultos". Assim também ocorreu com os "jovens adultos". A organização dos preparativos para Copa do Mundo de futebol de 1994, os times do "prédio" ou da "praça" e as "peladas[61]" de calçada na Rua Haddock Lobo foram as principais práticas de sociabilidade que constituíram este grupo de "esquineiros".

No episódio da Copa do Mundo, meninos e meninas cooptados por jovens moradores da área enfeitaram a Rua Professor Gabizo com bandeiras e desenhos durante dois meses, sob a supervisão dos seus pais que também ajudaram. Após o fim da competição, a interação social em torno do evento também foi desfeita. Aos mais novos, desautorizados a permanecerem na rua, restaram os encontros esporádicos na banca de jornal, cujo proprietário, Ítalo, é conhecido de muitos pais, e onde há ampla circulação de crianças e adolescentes. Neste ambiente, comparado ao das conversas de portão típicas do subúrbio carioca, Sheila podia conversar com os amigos que fez na ornamentação da Copa do Mundo, o que lhe era negado na sociabilidade do bar ou no futebol de calçada. Evitar tais espaços ou neles transitar ocasionalmente fez dela um "elemento flutuante" entre os "esquineiros jovens adultos".

Quanto a Ítalo, há 25 anos jornaleiro do "pedaço", diz ele que viu "pelo menos três gerações aqui", numa delas se integrou como "elemento permanente" e noutras como "flutuante". Ele não soube explicar porque estabeleceu laços sociais mais fortes com os "esquineiros jovens adultos", convidando-os às suas comemorações familiares e participando reciprocamente das deles. Diria que o "grupo permanente" de Ítalo só alcançou este status porque também frequentava assiduamente a banca de jornal.

Se nos dias de hoje o "pessoal anda meio sumido" da banca ou da "esquina", no passado a união de dois subgrupos de adolescentes foi o estopim para explodir uma constante agitação no local. A exemplo dos atuais "esquineiros juvenis", havia um segmento de menor poder aquisitivo que frequentava o futebol da "praça", representado por Cacá e Rafael, e aqueles de maior estabilidade econômica, incluídos aí Boris, Goma e Leonardo, futebolistas do "prédio" e depois das peladas da "esquina", como explica Boris: "antes no meu prédio, eu era amigo do "Jogador" e do "Duda". Depois da reforma do terraço, que pôde ser usado como *playground*, aí conheci os irmãos "Chininha" e "China", Diego e Diogo e às vezes ia o "Orelha", todos para jogar futebol. Quando proibiram o *play* fomos jogar bola na pelada da rua, ali na esquina, que já rolava há um tempo com a geração anterior. Ali conheci... o Goma e o Leonardo". Os times da "praça" e do "prédio" nunca haviam se enfrentado, nem na época da "Copa do Mundo" quando se viram pela primeira vez. Entretanto, ao serem aceitos nas peladas de calçada, se reconheceram como sujeitos de idade similar que podiam se unir enquanto transitavam no "grupo mais velho". Leonardo descreveu muito bem esse momento: "o meu irmão que era dois anos mais velho já descia e eu não podia. Quando pude desci. Eu via da janela o pessoal jogando bola, gritando. Com uns dez anos passei a frequentar um pouco o grupo do meu irmão. Eu tinha que subir cedo, mas queria ficar ali. Com o tempo vieram os outros da minha idade e formamos o nosso próprio grupo".

Uma vez formado, o grupo se mantém até hoje ainda que a frequência tenha diminuído face a outros encargos sociais e familiares.

4.3.2   Tempo livre na pós-adolescência

A manutenção da "esquina" como referencial básico da identidade do grupo na pós-adolescência é, em grande parte, derivada da ação dos membros que ali encontram um território de pertencimento (Peixoto, 2000), no qual a sociabilidade é assegurada pela certeza do encontro com seus pares.

Solicitei aos entrevistados que indicassem quem mais conheciam e com quem mais se relacionavam na "esquina". No total, formam mencionadas 23 pessoas. Interessante que foram citadas sete pessoas que não moram no bairro, duas que residem em outros estados e três que vivem fora do país. Ou seja, mesmo aqueles com frequência "flutuante" são considerados pelos meus entrevistados como membros do grupo. Nesse sentido, a "esquina" é o lugar de uma sociabilidade também flutuante, o que não impede ser percebida como um território geracional.

Independente da idade, dos 23 nomes citados onze ainda moram com os pais. Elza Ramos (2006) recorre a várias pesquisas, principalmente relativas à sociologia francesa, para afirmar que os jovens adultos saem da casa dos pais cada vez mais tarde. As principais razões dessa coabitação estendida, apontadas pela autora, são o prolongamento dos estudos, em busca de melhor qualificação profissional e o desemprego dos jovens.

Nessa turma, os mais assíduos na "esquina" são justamente os que dispõem de maior disponibilidade de tempo, seja porque trabalham menos horas, casos de Rafael e Cacá, ou por não terem ocupação, a exemplo de "Caspa", um estudante candidato à concursos públicos também citado pelos "jovens" como membro de seu grupo. Quando retornam os de fora ou os do bairro querem se "distrair e encontrar os amigos" é ao núcleo remanescente dos outrora "esquineiros permanentes" a quem procuram e devem a continuidade da "esquina" como vértice privilegiado de sua sociabilidade. Na ausência dos pares levados pelo mercado de trabalho, pelo matrimônio, pelas mudanças residenciais etc., é comum que os sobejos deste grupo interajam com os "jovens" da área. Assim como o grupo juvenil precisa se integrar com os mais velhos a espera de componentes etariamente equiparados a fim de constituir círculo próprio de "esquineiros", também o "restante" dos "jovens adultos" necessita dos mais novos para ter "número" e reforçar sua condição de pertencimento ao local.

Os interesses responsáveis por trazê-los, a dinâmica e a ordem interna das reuniões indicarão a medida do quão estão ligados ao "pedaço".

4.3.3 Atrativos e hierarquização na esquina dos "jovens adultos"

Quando questionados sobre os motivos que os levaram a frequentar a "esquina", esse grupo geracional mencionou o encontro com "amigos" e a "necessidade de fazer parte de um grupo fechado", nas palavras de "Goma", mas também o "calor humano", sublinhado por Boris. É para a "esquina" que se dirigem quando não estão em casa ou no trabalho. Ainda que cada vez mais tenham obrigações sociais e familiares, não deixam, no entanto, de assistir aos jogos de futebol na tevê do bar. Marcados pelo calendário anual dos campeonatos, os encontros em dia de jogos também atraem alguns "flutuantes" além do núcleo "permanente".

Cadeiras e mesas ocupadas, cerveja gelada, o juiz apita o início da partida. É hora de buscar o seu lugar. Como nada é aleatório, essas pessoas se agregam segundo preferências que se baseiam em grau de instrução e realizações profissionais, as duas razões que justificam o afastamento temporário da "esquina", como relatado por Boris:

"A partir dos 13 anos larguei o futebol e fiquei no RPG[62], levando inclusive uma parte da galera comigo. Nesse tempo, comecei a estudar mais, a me dedicar ao inglês para ler os livros de RPG, me matriculei num bom colégio da zona sul e comecei a ter outros amigos com os quais passei a ter mais contato. Até passar para a faculdade, foi com o pessoal da escola que eu mais andava. Sumi da esquina. Depois de passar na faculdade não, voltei com força total para a galera, aí eu só quis saber de curtir".

O outro fator capaz de levar um "esquineiro jovem-adulto" a se destacar dos demais é a conquista de independência financeira saindo da dependência dos pais". Talvez por isso, Leonardo e Rafael foram tão citados pelos outros, pois além de serem pós-graduandos, se destacam profissionalmente, mesmo que a renda mensal de Rafael seja menor do que a de Ítalo e Goma, por exemplo. Já Boris, mesmo sendo filho de um "milionário brasileiro", por não obter recursos próprios e ser um estudante de nível superior incompleto foi menos aludido do que "Cacá", desistente do ensino médio antes de completá-lo, mas é trabalhador com renda mensal. A dependência financeira dos pais é valorada mais negativamente entre eles do que a formação universitária, e mesmo diploma de ensino médio.

A inserção de novos integrantes é algo evitado ou pelo menos dificultado aqui se comparado com a "esquina juvenil". Nesta última bastava "frequentar" para ser admitido no "pedaço". Entre os "esquineiros jovens adultos" é diferente. Eles são mais exigentes em relação ao comportamento e ao perfil esperado dos candidatos. Eis alguns requisitos apontados por cada um dos entrevistados:

	Para aceitação na esquina "jovem adulto"
Sheila	Respeitar/ Bom caráter
Cacá	Respeitar/ Ser honesto
Boris	Gostar de futebol/ Pagar a sua parte
Goma	Demonstrar interesse/ Trazer novidades
Leonardo	Ser apresentado/ Não vacilar
Rafael	Ser educado/ Posições compatíveis
Ítalo	Ser família/ Somar

Além de ser "bom caráter", "honesto", "família" e "educado", o sujeito deve "respeitar" o grupo e "não vacilar", principalmente, na hora de pagar a sua parte na conta. Segundo Ítalo: "teve um que a esquina aceitou no início. Mas, os modos dele não eram como os nossos, ele não tinha a nossa tranquilidade. Com o tempo, as pessoas começaram a excluí-lo, tanto que ele sumiu".

A maioria dos requisitos mencionados acima nas questões sobre aceitação condiciona os novos membros no sentido de não alterarem os mecanismos de organização vigente. A defesa dessa ordem interna age como forma de manutenção da sociabilidade de esquina desse grupo geracional.

4.4 Grupo dos "adultos maduros"

Na mesma lógica adotada antes, começaremos a análise desta ala da "esquina" pelo quadro de dados pessoais:

	Idade	Profissão	Renda	Escolaridade	Estado Civil	Religião	Filhos
Sumaré	50	Pintor	1 a 2,5 salários	Fundamental incompleto	Solteiro	Católico não praticante	1
Cachorrão	50	Porteiro	1 a 2,5 salários	Fundamental incompleto	Solteiro	Católico não praticante	-
Baronesa	50	Comerciária	1 a 2,5 salários	Médio completo	Solteira	Católica não praticante	1
Maria	50	Comerciária	1 a 2,5	Médio completo	Solteira	Católica não	2

			salários			praticante	
Cidinha	52	Doméstica	1 a 2,5 salários	Fundamental completo	Casada	Católica não praticante	2
Alemão	53	Motorista	1 a 2,5 salários	Médio completo	Casado	Católica não praticante	2
Esperto	53	Publicitário	De 3 a 4,5 salários	Superior completo	Desquitado	Agnóstico	2
Augusto	54	Motorista	1 a 2,5 salários	Médio completo	Solteiro	Espírita	5
Fogueira	55	Motorista desempregado	1 a 2,5 salários	Médio incompleto	Solteiro	Kardecista	1
Tadeu	57	Aposentado	Acima de 10 salários	Médio completo	Casado	Católico não praticante	4
Messias	59	Comerciário/ Motorista	1 a 2,5 salários	Fundamental incompleto	Solteiro	Católico não praticante	-
Dudu	63	Administrador	Acima de 10 salários	Superior completo	Casado	Católico não praticante	2
Neto	64	Aquaviário	Acima de 10 salários	Superior completo	Casado	Católico	3
Seu Nilo	72	Contabilista	De 3 a 4,5 salários	Superior completo	Casado	Agnóstico	3

A maioria deles (9) declarou renda entre 1 a 2,5 salários, somente três recebem acima de 10 salários e dois disseram ter ganhos de 3 a 4,5 salários. Como podemos observar, há forte predominância de sujeitos com baixo poder aquisitivo, e como no segmento "esquineiro" anterior, a renda não é determinante na aceitação do grupo. Os anos de estudo também não influenciam decisivamente na incorporação ao meio. Pessoas com nível superior completo interagem normalmente com aquelas quem não concluíram o ensino fundamental.

Quanto ao estado civil, oito são solteiros e entre os casados (6) nenhum conheceu o conjugue no "pedaço". Há que assinalar que apenas um casal frequenta o local junto. Os outros sempre comparecem desacompanhados. Se suas mulheres dificilmente se integram ao "grupo da esquina", os filhos comparecem com maior frequência. Maria e "Baronesa", mães-solteiras, e o casal "Cidinha" e "Alemão" sempre levaram os filhos para a "esquina" e hoje eles estão inteirados com as gerações mais novas do lugar.

Este grupo é o que tem maior participação feminina, o que leva a crer que com o avanço da idade as mulheres se permitem quebrar regras sociais a exemplo da frequentação de lugares vistos como masculinos. Elas são minoria ali, mas são permitidas, diferente do campo estudado por Souza na Vila da Penha, zona norte carioca, cujo território era lugar de sociabilidade exclusiva dos homens, valorizando elementos de percepção de certa masculinidade, "exposta à inspeção do grupo, sendo revalidada continuamente" (2003; p.94). As mulheres tijucanas desta área, assim como as adolescentes, corroboram a ideia de que o bairro é mais conservador em seus costumes porque evitam ser estigmatizadas por frequentarem lugares percebidos como "impróprios" às moças de boa família, como os bares e os botequins, e optam por comportamentos sociais similares às moradoras das camadas médias da zona sul carioca: "fica bastante claro que o tipo de contato social predominante que essas mulheres vão ter é com parentes... a mulher que mora perto de parentes sai mais, faz mais 'programas' do que a que não desfruta desta situação" (Velho; 1989, p.49).

Com relação ao "outro mundo", repete-se a tendência já encontrada de desinteresse da sociabilidade de esquina às questões religiosas. Apenas três deles seguem efetivamente alguma doutrina religiosa. E Na idade, a maioria é de cinquentenários, com destaque para Seu Nilo (72 anos) que frequenta a "esquina" há 32 anos.

4.4.1 Formação da esquina dos "adultos maduros"

O quadro seguinte mostra qual o tempo de frequência e a forma como cada respondente conheceu este círculo social:

	Como conheceu a "esquina"	Tempo de frequência
Sumaré	Trabalha na área	Desde 2002
Cachorrão	Trabalha na área	Desde 1994

Baronesa	Mora desde a infância na área	Formou grupo em 1980
Maria	Antigos vizinhos	Desde 1991
Cidinha	Marido "esquineiro"	Desde 1989
Alemão	Cerveja	Desde 1989
Esperto	Cerveja	Desde 2005
Augusto	"Churrasquinho[63]" da frente	Desde 2002
Fogueira	Cerveja	Desde 2005
Tadeu	Trabalha na área	Desde 1986
Messias	Mora desde adolescente na área	Formou grupo em 1980
Dudu	Nasceu na área	Formou grupo em 1980
Neto	Cerveja	Desde 1984
Seu Nilo	Cerveja	Formou grupo em 1980

Dudu (63 anos) é o mais antigo no "pedaço" e lembrou dos primórdios: "Nasci neste endereço. Com 15, 16 anos passei a frequentar a esquina. O pessoal da minha rua juntou com o pessoal da Gabizo, quando o prédio em cima do bar ainda estava em construção. Não tinham outros grupos". Tais precursores do "pedaço" envelheceram participando da sociabilidade na "esquina" e foram os primeiros a bloquear novas inserções ao tornarem-se jovens adultos. Destes, apenas Dudu associou-se aos outros frequentadores da segunda geração de "esquineiros" (Baronesa, Messias e Seu Nilo) estabelecida em 1980. Os quatro formaram um núcleo "permanente" que foi criando e migrando de um grupo a outro conforme avançava a idade. Não por acaso esse é o maior dos três grupos analisados – conta com onze frequentadores assíduos, porque, além da reserva juvenil de reposição, também absorveu adultos recém-chegados na vizinhança.

Os novos moradores, que na sua maioria estavam isolados socialmente, sem parentes ou conhecidos nas redondezas, passaram a "flutuar" e mesmo alguns a "permanecer" na "esquina". Inflado pela interação de mais mulheres e pelos "flutuantes" acumulados com o passar do tempo, o grupo dos "esquineiros adultos maduros" é hoje o mais atuante, o que movimenta maior número de indivíduos, churrascos, pagodes, aniversários, vários rituais, todos no local.

4.4.2 Atrativos e hierarquização na esquina dos "adultos maduros"

São dois os principais motivos que seduzem os membros desse grupo a participar da "esquina": encontrar os amigos e com eles beber cerveja.

Procurar os amigos para encontrá-los na esquina não é o mesmo que ir à esquina para encontrar os amigos. Ter um território onde desenvolver a sociabilidade e a amizade é a principal função do "pedaço" para os "adultos maduros". Muitos alegam ser uma "válvula de escape" para "fugir de casa" ou "aliviar o *stress* depois do trabalho", sem ter que combinar com antecedência. Basta ir à "esquina" para lá encontrar conhecidos, beber uma cerveja, jogar um baralho ou uma "porrinha"[64], assistir uma transmissão de futebol, ou simplesmente conversar.

Tomar conta da calçada, armar churrasqueira, preparar mesa com arroz, farofa e molho à campanha, dispor cadeiras e mesas sem impedir a passagem são diretrizes na organização dos grandes eventos de final de semana e revelam formas de marcar o território. O comprometimento com as atividades coletivas do grupo, o respeito a certos valores morais a fim de manter a imagem do "pedaço" como espaço família, não-promíscuo, pacífico, etc. são as principais atitudes para manter a coesão do grupo. Assim, "Alemão", casado, pai de dois filhos e motorista, goza de grande prestígio e é considerado um dos líderes do grupo porque muitas confraternizações são realizadas no quintal de sua casa. Ele não só leva sua família para a "esquina" como traz a "esquina" para sua casa.

Já Cidinha, Maria e Baronesa sempre se encarregam de recolher o dinheiro, fazer as compras, cozinhar e preparar a festa enquanto Messias é o churrasqueiro oficial do grupo. É interessante notar que os outrora "estrangeiros" não apenas absorveram o jeito tijucano de confraternizar na rua, como estimulam sua preservação. Tamanho empenho levou, por exemplo, Maria e o casal Alemão e Cidinha, ex-moradores do bairro vizinho Rio Comprido, a integrarem o "núcleo permanente", inclusive atuando com organizadores do "pedaço". O sucesso na transmissão dos hábitos, valores, convenções, a maneira própria da área ao incluir os novos "esquineiros" também é a garantia de manutenção da sociabilidade de e na "esquina".

Da mesma forma que nos dois outros grupos, para ser aceito neste é fundamental "respeitar" aos demais e ao lugar. Dos 14 entrevistados, 8 apontaram "respeito" como a principal característica. Em seguida, assinalaram que ter "bom papo" é outra credencial importante. Ser "coerente com o grupo", "ter comprometimento", "manter o ambiente" e ainda "ajudar nas festas" são exigências para participar do grupo de forma a se ajustar aos princípios integrativos locais. Outras categorias levam indiretamente ao mesmo objetivo, como "ser família", "gentil", "humilde" e "ser educado". Em suma, o indivíduo que quiser participar da "esquina adulto maduro" deve considerar essas especificidades do "pedaço".

CAPÍTULO V – CONSIDERAÇÕES FINAIS

5.1 Padrões de comportamento social na esquina

A formação dos três grupos etários analisados se deu no período da adolescência de seus primeiros integrantes. Eisenstadt (1976) explica que nas sociedades modernas indivíduos na fase de transição para a idade adulta inexoravelmente buscam fora de "casa" relações sociais ausentes na família:

> "Os principais valores da sociedade são necessariamente apresentados à criança e ao adolescente de maneira altamente subjetiva, com ênfase "idealista" (i. e., geralmente com ênfase nos valores comuns e na orientação comunitária) e desprovidos de uma relação realista com os verdadeiros mecanismos de distribuição de papéis segundo os quais terão de alcançar seu status na sociedade. A relativa irrealidade destes valores, como lhe são apresentados, torna-se um foco de percepção entre os adolescentes e a exploração do verdadeiro significado destes valores conforma um dos problemas fundamentais do adolescente" (Ibdem; p.222).

Ainda de acordo com o mesmo autor, as turmas juvenis de esquina tendem a se afastar da escola, um ambiente controlado por adultos. No encontro entre as ruas Professor Gabizo e Haddock Lobo, a turma mais nova ("jovens") composta por sujeitos de baixa renda apresenta nível de instrução precário, ao contrário dos "jovens adultos" e "adultos maduros", grupos com frequentadores oriundos de classes sociais diversas, apesar da maioria também pertencer às faixas salariais inferiores, mas com todos formados no ensino médio e alguns com nível universitário. Assim, conclui-se que a sociabilidade na "esquina" é território aberto a todos, independente da classe ou dos anos de estudo.

As interações sociais na "esquina" demonstram certos padrões e certas condições necessárias à sua criação e permanência: 1) os grupos juvenis de "rua" desta parte da Tijuca surgem, normalmente, influenciados pela sociabilidade na Praça Afonso Pena, onde encontram aqueles que se tornarão seus pares nas "esquinas", e tendem a trocar o ambiente da praça pelo do "pedaço" mais restrito de sociabilidade, cuja assídua frequência faz deles "elementos esquineiros permanentes"; 2) duas maneiras, por vezes complementares, podem criar coletividades "jovens" identificadas com o local: a fusão de subgrupos adolescentes – moradores de prédios sem *playgrounds*, filhos de "esquineiros adultos maduros", etc. – ou a interação destes com as gerações mais velhas da área; 3) grupos consolidados na "esquina" durante a juventude, passada esta fase, além de restringem o contato com o lugar devido a assunção de compromissos sociais e familiares, normalmente se fecham a novas inserções ou se tornam extremamente seletivos, com exceção de um "núcleo remanescente"; 4) composto por aqueles que, ao contrário de seus pares, dispõem de tempo livre, o "núcleo remanescente", facilita tanto a admissão de jovens moradores quanto a anexação de adultos recém-chegados à vizinhança; 5) alguns dos "ex-estrangeiros" se identificam com o território a ponto de não somente absorverem os hábitos, costumes, valores, rituais, enfim a cultura peculiar local como se convertem em "autênticos esquineiros tijucanos".

A literatura sobre a história da Tijuca tem apontado para o seu caráter mais conservador no que se refere aos comportamentos sociais. Contudo, podemos dizer que, com as novas tecnologias de comunicação, os valores e as práticas sociais se globalizaram e, nos dias de hoje, as mulheres da Tijuca pensam e agem como as de Copacabana e Ipanema. Mas, tanto em um bairro quanto no outro, a frequentação feminina nos bares do tipo "pé sujo" ainda é percebida como inadequada, e aquelas que o fazem correm o risco de serem estigmatizadas. São as mulheres adultas as que menos temem e, por isso, o grupo dos "adultos maduros" é o que tem uma participação de mulheres mais efetiva.

Sociabilidades mistas de garotos e garotas, ou até turmas exclusivas de garotas só foram observadas na Praça Afonso Pena, considerada território de uso da família, seguro contra a violência e maus costumes. Curioso e digno de nota – o material apurado neste trabalho é insuficiente pra entender o porquê, seria preciso uma investigação mais profunda para além do objeto aqui estudado – é o fato de que na praça, inversamente ao ocorrido na "esquina", os mais velhos se separam por sexo em aglutinações distintas. Em nenhum momento me deparei neste logradouro com grupos etários não-juvenis heterogêneos em gênero. Com idades avançadas, observei homens entretidos com carteados, xadrez, damas, jogos de azar ou simplesmente a conversar de um lado e de outros, mulheres entre si passeando com filhos pequenos ou a fazer ginástica, ioga, e etc.

Na "esquina", a razão da preponderância masculina se funda principalmente no futebol. Sem dúvida, as "peladas" seguidas de rodas de cerveja, as conversas sobre as partidas amadoras, os jogos televisionados e os debates esportivos constituem os principais elos de integração dos três grupos do "pedaço".

5.2 Esquina x "Casa"

Para R. DaMatta (1997), na sociedade brasileira, nos domínios da "casa" e da "rua" as representações sobre os papéis de homens e mulheres são distintas, portanto "se no universo da casa sou um supercidadão, pois ali só tenho direitos e nenhum dever, no mundo da rua sou um subcidadão, já que as regras universais da cidadania sempre me definem por minhas determinações negativas: pelos meus deveres e obrigações, pela lógica do "não pode" e do "não deve"" (1997, p.93). Com os frequentadores da "esquina" observamos que as representações se invertem: em "casa" se sentem "subcidadãos", pois nela são cobrados engajamentos na provisão da família, no cuidado dos filhos, nas relações parentais e sociais, etc; já na "esquina" são "supercidadãos" uma vez que não precisam desempenhar os mesmos papéis que na família, sentindo-se mais livres de certas convenções sociais para, inclusive, se expressarem sem controle ou "censura".

Fatos que representem submissão às "amarras" do social e, consequentemente, perda da sociabilidade entre amigos não são bem acolhidas pelos frequentadores da esquina Haddock-Gabizo. Em geral, os ambientes da "casa" e da "rua" – família e amigos da esquina – só podem convergir nos grandes eventos. Com relação ao "outro mundo", assuntos sobre este universo são evitados nos três grupos estudados – apenas quatro dos 26 entrevistados se declararam praticantes de alguma religião.

Conhecer as motivações responsáveis por transformar alguns vizinhos em grupos de esquina expõe mais do que a cultura de um "pedaço", mas o modo de viver de todo um sistema de relações presente nessas ruas da Tijuca.

5.3 Circuito das cadeiras

Se a sociedade brasileira é relacional, "onde o básico, o valor fundamental, é relacionar, juntar, confundir, conciliar, ficar no meio, descobrir a mediação e estabelecer a gradação, incluir (jamais excluir)", como afirma DaMatta (1997, p.108), então o tijucano seguiu esta premissa à risca. Ao se inserirem nas sociabilidades de "rua", os moradores do bairro se tornam conhecidos e são identificados pelos lugares de frequentação, por seus territórios de pertencimento.

Para Simmel (1903), "enquanto o sujeito se ajusta inteiramente por conta própria a essa forma de existência, a sua autoconservação frente à cidade grande exige-lhe um comportamento não menos negativo de natureza social. A atitude espiritual dos habitantes da cidade grande uns com os outros poderia ser denominada, do ponto de vista formal, como reserva...em virtude da qual mal conhecemos os vizinhos que temos por muitos anos" (Ibdem, p. 582-3). Este caráter *blasé* não faz parte dos grupos de "esquina" que têm uma rede de contatos nas imediações, integrando-se à vida do bairro mais intensamente.

Magnani (1999), no texto *Transformações na cultura urbana das grandes metrópoles*, destaca ser "bastante comum em depoimentos de moradores de bairros que passaram por processos de rápida transformação, principalmente nas grandes cidades, a evocação nostálgica de um tempo em que era costume colocar cadeiras na calçada em frente da casa". Considero que na Haddock-Gabizo, assim como nas proximidades, as cadeiras já estão nas calçadas. Em outras palavras, sabe-se de antemão quais as pessoas pertencem aos vários "pedaços" da área, quem são os indivíduos sentados nas mesas dessas esquinas. Nesse "circuito", quando se quer interagir com determinado grupo é só procurar por sua esquina, sentar-se à mesa e socializar-se.

BIBLIOGRAFIA

ASSIS, Machado de. *Helena*. São Paulo, RocketEdition, 1997.

AZEVEDO, André Nunes de (org.). *Rio de Janeiro: Capital e Capitalidade*. Rio de Janeiro: Departamento Cultural/ Sr-3 UERJ, 2002.

CARDOSO, Elisabeth Dezouzart e outros. *História dos Bairros: Tijuca*. Rio de Janeiro: João Fortes Engenharia e Index Editora, 1984.

CHALHOUB, Sidney. Cidade Febril: cortiços e epidemias na Corte imperial. São Paulo, Cia da Letras, 1996.

_________, Trabalho, lar e botequim: o cotidiano dos trabalhadores no Rio de Janeiro da belle époque. São Paulo, SP: Brasiliense, 1986.

CORDEIRO, Graça Índias & COSTA, Antonio Firmino. "Bairros: contexto e intersecção". In: VELHO, Gilberto (org.) *Antropologia Urbana: cultura e sociedade no Brasil e em Portugal*. Rio de Janeiro: Zahar Ed., 2006.

DAMATTA, Roberto. *A casa & a Rua: Espaço, cidadania, mulher e morte no Brasil*. 5 ed. Rio de Janeiro: Rocco, 1997.

_________, *Carnavais, malandros e heróis*. Rio de Janeiro: Zahar, 1979.

_________, "O ofício de etnólogo ou como ter anthropological blues". In: Nunes, E. (org.). *A aventura sociológica*. Rio de Janeiro: Zahar, 1978.

EISENSTADT, S. N. De geração a geração. São Paulo: Ed.

Perspectiva, 1976.

ELIAS, Norbert e SCOTSON, John L. *Os estabelecidos e os outsiders: sociologia das relações de poder a partir de uma pequena comunidade*. RJ: Jorge Zahar, 2000.

FERNANDES, Nelson da Nóbrega. *Escolas de Samba: sujeitos celebrantes e objetos celebrados*. Rio de Janeiro: Arquivo Geral da Cidade do Rio de Janeiro, 2001.

FOOTE-WHYTE, William. [1943]. Sociedade de esquina: a estrutura social de uma área urbana pobre e degradada. Rio de Janeiro: Jorge Zahar Ed., 2005.

FREYRE, Gilberto. *Casa Grande e Senzala*. Petrópolis, RJ: Ed. Vozes, 1978.

HEILBORN, Maria Luiza. *Conversa de portão: juventude e sociabilidade em um subúrbio carioca*. Rio de Janeiro: Dissertação de Mestrado. Programa de Pós-Graduação em Antropologia Social, Museu Nacional/UFRJ, 1984.

LARAIA, Roque de Barros. "Como opera a cultura". In: *Cultura — um conceito antropológico*. Rio de Janeiro: Jorge Zahar Ed., 1986.

MAGNANI, José Gulherme Cantor. "A antropologia urbana e os desafios da metrópole". [online]. In: **NAU-Núcleo de Antropologia Urbana da USP**. Originalmente publicado em Tempo Social – Revista de Sociologia da USP – vol. 15, n. 1 – maio de 2003. Disponível via WWW no URL http://www.n-a-u.org/ruasimboloesuporte.html. Capturado em 01/09/2009.

__________, *De perto e de dentro: notas para uma etnografia urbana*. Revista Brasileira de Ciências Sociais, vol. 17 nº 49, jun. 2002.

__________, "Transformações na cultura urbana das grandes metrópoles". In: A. S. Moreira, *Sociedade global: cultura e religião*. Petrópolis: Vozes, 1998.

MELLO SANTOS, A. A. (Org.); LEITE, Márcia Pereira (Org.); FRANCA, Nahyda (Org.). *Quando memória e história se entrelaçam. A trama dos espaços na Grande Tijuca*. 1. ed. Rio de Janeiro: IBASE, 2002.

MOURA, Cristina Patriota de. "Vivendo entre Muros: o sonho da Aldeia". In: Velho, G. E Kuschnir, K.(orgs.). *Pesquisas urbanas: desafios do trabalho antropológico*. Rio de Janeiro: 2003.

OLIVEIRA, Flávia Santos de. *O habitus no lugar e o lugar da Tijuca*. Rio de Janeiro: Flávia Santos de Oliveira, 2001.

OLIVEN, R. G. "Por uma antropologia em cidades brasileiras". In: Velho, G. (org.). *O desafio da cidade*. Rio de Janeiro: Campus, 1980.

PARK, Robert [1916]. "A cidade: sugestões para a investigação do comportamento humano no meio urbano". In: Carneiro, Sandra. (org.). *Cidade: olhares e trajetórias*. RJ: FAPERJ/Garamond (no prelo).

PEIXOTO, Clarice Ehlers. "Envelhecimento e Imagem: as fronteiras entre Paris e Rio de Janeiro. São Paulo: Annablume, 2000.

RABHA, Nina Maria de Carvalho Elias Org. *Planos Urbanos - Rio de Janeiro – O século XIX*. Rio de Janeiro: Instituto Municipal de Urbanismo Pereira Passos/ Secretaria Municipal de Urbanismo, 2008.

RAMOS, Elza. "As negociações no espaço doméstico:

construir a 'boa distância' entre pais e jovens adultos 'coabitantes'". In: LINS DE BARROS, M. (org.). *Família e Gerações*. Rio de Janeiro: Editora FGV, 2006.

RELATÓRIO DA COMISSÃO DE MELHORMAENTOS DA CIDADE DO RIO DE JANEIRO. Rio de Janeiro, Typographia Nacional, 1875; 2º Relatório da Comissão de Melhoramentos da Cidade do Rio de Janeiro. Rio de Janeiro, Typographia Nacional, 1876.

ROCHA, Everardo P. G. *O que é etnocentrismo*. Col. Primeiros Passos nº 124. São Paulo: Brasiliense, 1984.

ROHAN, Henrique de Beaurepaire. Remodelação do Rio de Janeiro. Relatório apresentado à Câmara Municipal em 1843. Rio de Janeiro: IHGB, Separata do v. 275, abril/junho de 1967, Departamento de Imprensa Nacional, 1968.

SANTOS, Milton. "O retorno do território". In: SANTOS, M., SOUZA, M. A. A. de, SILVEIRA, M.L. *Território: globalização e fragmentação*. São Paulo: Editora HUCITEC, 2002.

SIMMEL, Georg. "A metrópole e a vida mental". In: VELHO, Otávio G. (org.). *O fenômeno urbano*. Rio de Janeiro: Zahar, 1967.

SOUZA, Rolf Ribeiro de. *A confraria da esquina. O que os homens de verdade falam em torno de uma carne queimando: etnografia de um churrasco de esquina no subúrbio carioca*. Rio de Janeiro: Bruxedo, 2003.

VELHO, G. "O desafio da proximidade". In: Velho, G. E Kuschnir, K.(orgs.). *Pesquisas urbanas: desafios do trabalho antropológico*. Rio de Janeiro: 2003.

_________, "Unidade e fragmentação em sociedades

complexas". In: *Projetos e metamorfose. Antropologia das sociedades complexas*. Rio de Janeiro: Jorge Zahar Ed., 1994.

__________, *A Utopia Urbana: um estudo de antropologia social*. Rio de Janeiro: Jorge Zahar Ed., 1989.

__________, "O antropólogo pesquisando em sua cidade: sobre conhecimento e heresia": In: Velho, G. (org.). *O desafio da cidade*. Rio de Janeiro: Campus, 1980.

__________, "Observando o familiar". In: Nunes E. (org.). *A aventura sociológica*. Rio de Janeiro: Zahar, 1978.

VIANNA, Luiz Fernando. *Geografia carioca do samba*. Rio de Janeiro: Casa da Palavra, 2004.

WEYRAUCH, C.S; MOTA. M.S. (orgs). *Tijuca: memória, história e cultura*. Departamento Cultural da Universidade do Estado do Rio de Janeiro. Rio de Janeiro: 1999.

ANEXO A – TABELAS DO CENSO 2000 DO IBGE – INSTITUTO BRASILEIRO DE GEOGRAFI9A E ESTATÍSTICA

Classes de rendimento nominal mensal da pessoa responsável pelo domicílio = Até 1/4 de salário minimo + Mais de 1/4 a 1/2 salário mínimo + Mais de 1/2 a 3/4 de salário mínimo + Mais de 3/4 a 1 salário mínimo		
Ano = 2000		
Condição de ocupação do domicílio	**Variável**	
	Domicílios particulares permanentes (Unidades)	Domicílios particulares permanentes (Percentual)
Total	2.172	3,88
Próprio	1.711	3,06
Alugado	313	0,56
Cedido	126	0,23
Outra forma	22	0,04

Classes de rendimento nominal mensal da pessoa responsável pelo domicílio = Mais de 1 a 1 1/4 salários mínimos + Mais de 1 1/4 a 1 1/2 salários mínimos + Mais de 1 1/2 a 2 salários mínimos		
Ano = 2000		
Condição de ocupação do	**Variável**	
	Domicílios	Domicílios

domicílio	particulares permanentes (Unidades)	particulares permanentes (Percentual)
Total	3.390	6,05
Próprio	2.384	4,26
Alugado	590	1,05
Cedido	391	0,70
Outra forma	25	0,04

Classes de rendimento nominal mensal da pessoa responsável pelo domicílio = Mais de 2 a 3 salários mínimos + Mais de 3 a 5 salários mínimos		
Ano = 2000		
	Variável	
Condição de ocupação do domicílio	Domicílios particulares permanentes (Unidades)	Domicílios particulares permanentes (Percentual)
Total	7.900	14,11
Próprio	5.109	9,12
Alugado	1.561	2,79
Cedido	1.195	2,13
Outra forma	35	0,06

Classes de rendimento nominal mensal

da pessoa responsável pelo domicílio = Mais de 5 a 10 salários mínimos		
Ano = 2000		
	Variável	
Condição de ocupação do domicílio	**Domicílios particulares permanentes (Unidades)**	**Domicílios particulares permanentes (Percentual)**
Total	12.245	21,87
Próprio	8.502	15,18
Alugado	3.218	5,75
Cedido	478	0,85
Outra forma	47	0,08

Classes de rendimento nominal mensal da pessoa responsável pelo domicílio = Mais de 10 a 15 salários mínimos + Mais de 15 a 20 salários mínimos + Mais de 20 a 30 salários minimos + Mais de 30 salários mínimos		
Ano = 2000		
	Variável	
Condição de ocupação do domicílio	**Domicílios particulares permanentes (Unidades)**	**Domicílios particulares permanentes (Percentual)**
Total	27.808	49,66
Próprio	21.745	38,83

Alugado	5.456	9,74
Cedido	573	1,02
Outra forma	34	0,06

Tabela 1472 - Domicílios particulares permanentes e Moradores em Domicílios particulares permanentes por situação, sexo e anos de estudo da pessoa responsável pelo domicílio	
Bairro = Tijuca - Rio de Janeiro - RJ	
Variável = Domicílios particulares permanentes (Unidades)	
Situação do domicílio = Total	
Anos de estudo da pessoa responsável pelo domicílio = Total	
Ano = 2000	
Sexo da pessoa responsável pelo domicílio	
Total	55.995
Homem 59,47%	33.296
Mulher 40,53 %	22.699

Tabela 202 - População residente por sexo e situação do domicílio	
Bairro = Tijuca - Rio de Janeiro - RJ	
Variável = População residente (Pessoas)	

Situação do domicílio = Total	
Ano = 2000	
Sexo	
Total	163.636
Homens	71.681
Mulheres	91.955

Tabela 1522 - População residente por grupos de idade

Bairro = Tijuca - Rio de Janeiro - RJ	
Variável = População residente (Pessoas)	
Ano = 2000	
Grupos de idade	
Total	163.636
0 a 4 anos	8.156
5 a 9 anos	8.595
10 a 19 anos	21.825
20 a 29 anos	24.759
30 a 39 anos	22.740
40 a 49 anos	23.359
50 a 59 anos	19.048
60 anos ou mais	35.154

Tabela 1434 - Domicílios particulares permanentes e Moradores em Domicílios particulares permanentes por situação e tipo do domicílio

Bairro = Tijuca - Rio de Janeiro - RJ

Variável = Domicílios particulares permanentes (Unidades)	
Situação do domicílio = Total	
Ano = 2000	
Tipo do domicílio	
Total	55.995
Casa	10.524
Apartamento	45.049
Cômodo	422

Tabela 1440 - Domicílios particulares permanentes por situação, tipo do domicílio e condição de ocupação do domicílio	
Bairro = Tijuca - Rio de Janeiro - RJ	
Variável = Domicílios particulares permanentes (Unidades)	
Situação do domicílio = Total	
Tipo do domicílio = Total	
Ano = 2000	
Condição de ocupação do domicílio	
Total	55.995
Próprio	41.285
Próprio já quitado	37.896
Próprio em aquisição	3.389
Alugado	11.652
Cedido	2.884
Cedido por empregador	1.355
Cedido de outra forma	1.529
Outra forma	174

Tabela 1468 - Domicílios particulares permanentes por número de moradores e anos de estudo da pessoa responsável pelo domicílio

Bairro = Tijuca - Rio de Janeiro - RJ	
Variável = Domicílios particulares permanentes (Unidades)	
Número de moradores = Total	
Ano = 2000	
Anos de estudo da pessoa responsável pelo domicílio	
Total	55.995
Sem instrução e menos de 1 ano	1.301
1 ano	705
2 anos	718
3 anos	1.244
4 anos	4.684
5 anos	1.168
6 anos	738
7 anos	1.182
8 anos	4.582
9 anos	456
10 anos	926
11 anos	10.448
12 anos	997
13 anos	1.391
14 anos	1.844
15 anos	11.831
16 anos	7.810
17 anos ou mais	3.849
Não determinados	121

ANEXO B – ROTEIRO DE ENTREVISTAS

Segue abaixo o formato final do o roteiro de entrevistas:

- **Dados pessoais:**
  - Idade:
  - Sexo:
  - Profissão:
  - Renda:
    - de 1 a 2,5 mínimos.
    - de 3 a 4,5.
    - de 5 a 10.
    - mais de 10.
  - Escolaridade:
    - Fundamental incompleto.
    - Fundamental completo.
    - Médio completo.
    - Superior incompleto.
    - Superior completo.
    - Pós-Graduação.
  - Estado Civil:
  - Religião:
  - Filhos:
    - Não
    - Sim (em caso afirmativo, responder a pergunta abaixo)

  Filhos frequentam a esquina? Por quê?

- **Informações sobre a frequência na esquina e sua história:**
  - Há quanto tempo mora na área?
  - Há quanto tempo frequenta a esquina?

- Como conheceu a esquina?
- Qual a história que conhece sobre a formação da esquina, quem foram os primeiros frequentadores?

- **Esquina de hoje:**
  - Quais as pessoas que conhece atualmente na esquina?
  - O que te atrai na esquina?
  - Qual a sua rotina na esquina?
  - Que tipos de eventos são considerados incomuns ou novidades na esquina?
  - O que sente pela esquina?
  - Quais as ideias que defende pela esquina?
  - O que alguém deve fazer para ser aceito na esquina?
  - Qual é o perfil ideal que você gostaria de ver em possíveis novos integrantes do pedaço?

NOTAS

[1] Na manhã do dia seguinte (6 de abril de 2010), ainda debaixo de chuva, os jornais, a tv e os rádios anunciaram engarrafamentos no trânsito, tragédias, deslizamentos de terras em cima de casas, contaram-se os mortos, foram mais de duzentos em vários pontos do Estado, provocados pelo pior temporal dos últimos 44 anos, segundo estatísticas noticiadas na imprensa. Um artigo de memória do grupo Globo traz o resumo da cobertura jornalística deste episódio, na URL: https://memoriaglobo.globo.com/jornalismo/coberturas/enchentes-no-rio-2010/noticia/enchentes-no-rio-2010.ghtml.

[2] Ver WEYRAUCH, C.S; MOTA. M.S. (orgs). *Tijuca: memória, história e cultura*. Departamento Cultural da Universidade do Estado do Rio de Janeiro. Rio de Janeiro, 1999, p.38. As autoras relatam que "os atuais Estácio, Catumbi, Alto da Boa Vista, Engenho Velho, Andaraí, Tijuca, tudo pertencia à grande Sesmaria de Iguaçu. Isto só para falar nos bairros... [seus limites imprecisos iam] do Rio Comprido até os confins de Inhaúma".

[3] O nome São Sebastião foi uma homenagem prestada por Estácio de Sá ao Rei português na época, D. Sebastião I de Portugal (1554-1578), então com 11 anos e que reinava sob a regência da avó Catarina da Áustria. Já o complemento Rio de Janeiro é uma referência à Baia de Guanabara, explorada pela primeira vez pelo português Gaspar de Lemos, em 1º de janeiro de 1502, e designada pelo mesmo como Rio de Janeiro. Talvez se fosse fundada nos dias de hoje a cidade se chamasse S. Sebastião da Baía de Guanabara.

[4] Ver AZEVEDO, André Nunes de (org.). *Rio de Janeiro: Capital e Capitalidade*. Rio de Janeiro: Departamento Cultural/ Sr-3 UERJ, 2002.

[5] Pai e filho, atualmente nomes de duas das principais vias da Tijuca.

[6] Dados do Censo 2000 do IBGE – Instituto Brasileiro de Geografia e Estatística. Optei por usar o intervalo entre 85,64% e 91,06% porque nas tabelas pesquisadas há uma defasagem de 4,42% ou 2.480 residências entre a soma dos campos totais de cada faixa de renda do responsável pelo domicílio e o campo do total de moradias existentes no bairro, onde 85,64% é a soma de todas as faixas de renda acima de 2 salários mínimos e 91,06% o total de domicílios excluídas as faixas de 2 salários mínimos ou menos (que juntas correspondem a 9,94%).

[7] Morador do terreno na Rua Conde de Bonfim, 186, onde hoje fica um supermercado Extra, que já foi um supermercado Sendas, Bon Marché e

antes fora a antiga loja de departamentos Mesbla.

[8] Chitas é uma referência em português do nome indiano "chint", que significa tecido de algodão mais barato, estampado em toda a sua superfície de forma colorida, geralmente com desenhos de flores.

[9] Além de Oliveira (2001) divergir de Cardoso (1984) quanto à abrangência do ineditismo nos transportes de bondes na Tijuca, enquanto uma fala em América Latina a outra diz América do Sul, as autoras também citam diferentes tipos de tração, a primeira se remete a carros puxados à boi e a segunda à burro.

[10] Ver ROHAN, Henrique de Beaurepaire. Remodelação do Rio de Janeiro. Relatório apresentado à Câmara Municipal em 1843. Rio de Janeiro: IHGB, Separata do v. 275, abril/junho de 1967, Departamento de Imprensa Nacional, 1968.

[11] Foi Tenente-Coronel do exército brasileiro, ajudante de ordens do Duque de Caxias, tio do Visconde de Taunay e administrador público.

[12] Ver Relatório da Comissão de Melhoramentos da Cidade do Rio de Janeiro. Rio de Janeiro, Typographia Nacional, 1875; 2º Relatório da Comissão de Melhoramentos da Cidade do Rio de Janeiro. Rio de Janeiro, Typographia Nacional, 1876.

[13] Ainda hoje esta parte do bairro é conhecida pelo nome "Muda" em alusão ao local onde se mudava dos bondes de tração animal para os movidos a eletricidade que funcionaram até a década de 60 do século XX.

[14] A sede social do America Futebol Club, situada à rua Campos Sales,118, foi fechada em 2014 e demolida no começo de 2020 para a construção de um *shopping center* e uma nova sede social no topo do futuro empreendimento. Entretanto, devido à quarentena decretada no Brasil por causa da pandemia de covid-19, de março de 2020 a meados de 2022, e por processos na justiça contrários ao dito complexo comercial, denominado Parque Shopping America, seu projeto permanecia no papel, sem nenhuma obra iniciada até janeiro de 2023.

[15] Disponível na URL: https://conteudo.cbf.com.br/cdn/202211/20221119161431_460.pdf

[16] Weyrauch e Motta (1999, p.129) afirmam que "a primeira entidade organizada para institucionalizar este esporte, jogado, até então, por simples lazer, sem normas ou regras, senão as ajustadas na hora pelos próprios praticantes, foi, em todo o mundo, a Federação Carioca de Futebol de Salão, hoje Federação de Futebol de Salão do Estado do Rio de Janeiro, cuja fundação, em 28 de julho de 1954, foi na sede do America, em reunião promovida pelo clube. Seu primeiro presidente foi

um dirigente do America, assim como o sucessor dele".

[17] Nos morros da Tijuca, onde estão as comunidades carentes, é comum encontrar pelo menos um campo de futebol de grandes dimensões com solo de terra batida ou várzea, além de uma ou outra pequena quadra de cimento. Já no miolo do bairro, em toda a área pavimentada só encontrei quatro quadras de cimento, uma na esquina das ruas do Matoso e Dr. Satamini, outra a do Colégio Estadual Francisco Cabrita, com acesso também pela Dr. Satamini, a do Centro Integrado de Educação Pública Samuel Wainer, na Avenida Heitor Beltrão, e a última junto ao Shopping Tijuca, na Praça Luiz La Saigne.

[18] A Real Academia Militar saiu do Forte de Santiago, no Centro do Rio de Janeiro, em 1858, rumo ao Forte da Praia Vermelha, na zona sul da cidade. Em 1913, foi rebatizada Escola Militar do Realengo e transferiu-se para o bairro de mesmo nome na zona norte carioca. Por fim, ocupa a sede atual no Município de Rezende, no sul fluminense, desde 1951, com a denominação Academia Militar das Agulhas Negras.

[19] A Escola Real de Ciências, Artes e Ofícios saiu da Travessa de Belas-Artes em 1826 quando terminaram as obras da nova sede na ex-Travessa do Sacramento, hoje Avenida Passos, já com o nome de Academia Imperial das Belas Artes. Este prédio foi demolido em 1938. No ano anterior, as funções da instituição, já chamada Escola nacional de Belas Artes, foram repassadas para a Universidade do Brasil, mais tarde conhecida por Universidade Federal do Rio de Janeiro, na Ilha do Fundão, zona norte da cidade. A partir de 1971, recebeu a atual designação: Escola de Belas Artes.

[20] O Museu Real permaneceu na antiga Casa dos Pássaros, nome do primeiro museu de história natural do país, onde hoje está abrigado o Arquivo Nacional, até 1892, data em que foi deslocado para as atuais acomodações no Paço de São Cristóvão, antiga residência da Família Imperial brasileira. Desde 1946 é administrado pela Universidade Federal do Rio de Janeiro.

[21] O Morro do Castelo e as construções nele contidas foram demolidos, em 1922, na gestão do Prefeito Carlos Sampaio.

[22] Em 1997, o terreno do antigo externato do Colégio Marista São José na rua Barão de Mesquita foi negociado para que a instituição pudesse angariar recursos a fim de montar uma filial na Barra da Tijuca, bairro da zona oeste da cidade ocupado predominantemente pelas classes média alta e acima. O prédio foi tombado como patrimônio cultural do Estado do Rio de Janeiro, através da Lei Estadual 3.317 de 1999. Desde então ficou sem uso, uma vez que os compradores foram impossibilitados pela legislação vigente de construir um condomínio

no lugar. Em 2015, retomou seu funcionamento após ampla reforma.

[23] Informações do Censo 2000 do IBGE – Instituto Brasileiro de Geografia e Estatística.

[24] O prédio onde ficava o Cinema Olinda foi demolido em1972. Em seu lugar foi erguido o primeiro *shopping* da Tijuca, o Shopping 45.

[25] Ver Chalhoub, Sidney. *Cidade febril: cortiços e epidemias na corte imperial.* Cia das Letras. São Paulo, Cia das Letras, 1996.

[26] A designação da pequena elevação ao norte do Arraial de Canudos, o morro da Favela, é uma derivação do nome da espécie de planta mais abundante naquela encosta, a leguminosa conhecida por faveleira.

[27] Dados do Censo 2000 do IBGE – Instituto Brasileiro de Geografia e Estatística.

[28] Conjunto semi-organizado de pessoas com samba enredo próprio que desfilam no carnaval pelas ruas com ou sem fantasias.

[29] Cortejos de carnaval, extintos no início da última década de 80, acompanhado por instrumentos de sopro e corda, num ritmo mais pausado que o samba, organizados por mestres do desfile, um de Harmonia, um de Canto e um de Sala, responsável pela coreografia. Eram caracterizados pela presença de um casal com o estandarte do grupo.

[30] Geralmente eram formados por grupos de foliões mascarados com feições de velhos, palhaços, diabos, reis, rainhas, índios, baianas, entre outros, conduzidos pelo apito de um mestre e por instrumentos quase sempre apenas de percussão.

[31] Organizados pelos ricos donos de veículos, tratavam-se de desfiles em carro aberto pela Avenida Central (atual Rio Branco), regado com as novidades da época: serpentinas, confetes e lança-perfume.

[32] Festas de carnavais promovidas em clubes pela alta sociedade, marcadas pelo luxo das fantasias e pela presença de máscaras igualmente ornamentadas, onde os foliões desfilavam pelas ruas até chegar aos locais dos bailes.

[33] O Jornal Mundo Esportivo era de propriedade do jornalista Mário Filho. Ver nota 17.

[34] Ver Fernandes, Nelson da Nóbrega. *Escolas de Samba: sujeitos celebrantes e objetos celebrados.* Rio de Janeiro: Arquivo Geral da Cidade do Rio de Janeiro, 2001. Nesta obra, o autor reproduz uma tabela com as Escolas de Samba do desfile de 1933 retirada do livro *As escolas de samba: o que, quem, como, quando e por que,* de Sérgio Cabral (1974). Na mencionada lista, no campo relativo ao local de fundação da Escola de Samba Estrelas da Tijuca há apenas o nome "Tijuca".

[35] Ibdem.

[36] A Unidos da Tijuca é a terceira Escola de Samba mais antiga a desfilar atualmente no carnaval do Rio de Janeiro. Está atrás apenas da Portela, fundada em 1926 ainda como bloco carnavalesco, e da Mangueira, nascida já Escola de Samba em 1928 com o nome Estação Primeira.

[37] A Império da Tijuca nunca venceu a categoria principal do Desfile das Escolas de Samba do Rio de Janeiro. Já na divisão de baixo (ou Grupo de Acesso), onde vai competir em 2011, a Escola conquistou o troféu em 1964, 1970, 1976 e 1979.

[38] A procura pelos balneários da zona sul fez o então Prefeito do Rio de Janeiro, Amaro Cavalcanti, baixar o Decreto nº 1.143, de 1º de maio de 1917, regulamentando o uso do banho de mar.

[39] A Tijuca era o único bairro do Rio de Janeiro contemplado com três paradas do metrô fora o Centro da cidade até a inauguração da Estação Cantagalo, em 2007, quando Copacabana, junto com as Estações Cardeal Arcoverde, de 1998, e Siqueira Campos, de 2002, passou a ter a mesma quantidade.

[40] Um bom resumo da história da praça Saenz Peña está em Oliveira, Flávia Santos de. *O habitus no lugar e o lugar da Tijuca.* Rio de Janeiro, Flávia Santos de Oliveira, 2001. Nesta obra, a autora lembra que a "Conde de Bonfim já foi estrada do Andaraí pequeno e a Desembargador Isidro foi Travessa do Andaraí. Do encontro destas duas [ruas], se fez o coração da Tijuca, a praça Saenzf Peña. A "praça" como é carinhosamente chamada já foi várzea, terreno de chácaras de jesuítas, largo da Fábrica de estamparia, Cinelândia da Tijuca e agora, em homenagem a um presidente argentino, se chama Saenz Peña. Os cinemas se foram e hoje em dia a praça é gradeada, reflexo da insegurança e de um tempo em que não se frequenta mais a Praça à noite" (p.18).

[41] Ver Velho, Gilberto. *Unidade e fragmentação em sociedades complexas.* Rio de Janeiro: Jorge Zahar Editor, 2000. Nesse texto, as sociedades complexas são caracterizadas pela coexistência de diferentes estilos de vida e visões de mundo.

[42] Tal como exposto em *Vivendo entre muros: o sonho da aldeia,* de Cristina Patriota de Moura, entendo que cidade é o "lugar da pluralidade, da coexistência das diferenças, da exacerbação dos individualismos e do cosmopolitismo. Não só a cidade em si, mas tudo o que está em volta dela vive dentro de um sistema urbano, estendendo os campos de possibilidades dentro dos quais indivíduos e grupos podem elaborar projetos" (2003, p. 43).

[43] Ver Laraia, Roque de Barros. *Como opera a cultura*. In *Cultura, um conceito antropológico*. Rio de Janeiro: Zahar, 1978, p.95. Nesta obra, Laraia salienta que "cada cultura ordenou a seu modo o mundo que a circunscreve e que esta ordenação dá um sentido cultural à aparente confusão das coisas naturais".

[44] Para Magnani, "uma totalidade consistente em termos da etnografia é aquela que, experimentada e reconhecida pelos atores sociais, é identificada pelo investigador, podendo ser descrita em seus aspectos categoriais: para os primeiros, é o contexto da experiência, para o segundo, chave da inteligibilidade e princípio explicativo" (2002, p.20). Nesse ponto, Magnani corrobora com Gilberto Velho e Roberto Da Matta quando falam que o fazer análises sociais requer universalizar os fatos estudados com base em modelos científicos reconhecíveis por todas as partes envolvidas.

[45] Grifo meu.

[46] Ver Rocha, Everardo. *O que é etnocentrismo*. São Paulo, 1984. Nesta obra Rocha diz que etnocentrismo "é uma visão do mundo onde o nosso próprio grupo é tomado como centro de tudo e todos os outros são tomados e sentidos através dos nossos valores, nossos modelos, nossas definições do que é a existência. No plano intelectual, pode ser visto como a dificuldade de pensarmos a diferença; no plano afetivo, como sentimentos de estranheza, medo, hostilidades, etc (p.7)".

[47] Essa mesma preocupação em buscar na identificação e acompanhamento dos líderes a compreensão de certos processos sociais de grupos presentes nas grandes cidades também é ressaltada por William Foote Whyte em *Sociedade de esquina: a estrutura social de uma área urbana pobre e degradada* (1943).

[48] Optei por manter as mesmas faixas de renda encontradas no Censo 2000 do Instituto Brasileiro de Geografia e Estatística.

[49] O instituto Brasileiro de Estatística e Geografia utiliza a variável "anos de estudo" em suas tabelas sobre nível educacional. Nesse caso, preferi comprimir os anos de estudo em categorias maiores representadas pelas etapas escolares do sistema brasileiro de educação.

[50] Dados retirados do Censo 2000 do Instituto Brasileiro de Estatística e Geografia.

[51] Todas das tabelas do Censo 2000 do IBGE das quais foram retidas informações incluídas nesse trabalho estão no Anexo A – Tabelas do Censo 2000 do IBGE – Instituto Brasileiro de Geografia e Estatística.

[52] Ver nota 7 na página 12.

[53] Ver Peixoto, Clarice Ehlers. *Envelhecimento e imagem: as fronteiras*

entre Paris e Rio de Janeiro. São Paulo: Annablume, 2000.

[54] Grupos etários ou grupos de idade são aqui entendidos como organizações informais de indivíduos classificados como pertencentes a um mesmo grau etário, com o qual se auto-categorizam e buscam alcançar os vários papéis distribuídos pelo sistema social a partir de escala dadas de gradações. Ver S. N. Eisenstadt. *De geração a geração*. São Paulo: Ed. Perspectiva, 1976.

[55] Pra manter a privacidade dos envolvidos, todos os nomes e apelidos de frequentadores citados nesta pesquisa são fictícios. O questionário foi aplicado e respondido em 2010.

[56] Ver nota 7 na página 12.

[57] Marcelino assim respondeu à questão: "conheço o "Caspa", o Bonito, o Raul e o irmão dele e o Cacá. É pouco né? É porque paro mais na Afonso Pena". Posição parecida teve Raul: "conheço o Paulo, o Henrique, o Marcelo, João, Davi, Marcelino, Filipinho e mais os da Afonso Pena que são milhares".

[58] Estacionamento na Rua Barão de Itapagipe (Tijuca) onde diversos times de futebol formados por moradores da região competiam. Em meados de 2006 o proprietário proibiu o uso do espaço para o jogo.

[59] Depois de responder ao questionário, Cacá pediu para ler as entrevistas com seus amigos. Na oportunidade, tivemos uma discussão, frutífera para este trabalho, sobre as respostas semelhantes.

[60] Ver DaMatta, Roberto. *A casa & a Rua: Espaço, cidadania, mulher e morte no Brasil*. 5 ed. Rio de Janeiro: Rocco, 1997. Nesta obra, autor destaca que o sistema social brasileiro é formado por éticas múltiplas demarcadas pelos universos da "casa" (privado), da "rua" (público) e do "outro mundo" (religioso): "No caso brasileiro, não se pode ter uma visão completa da sociedade com a casa, com a rua ou com o outro mundo. É necessário que se tenha três versões (ou leituras) para que se possa fundar a totalidade percebida como brasileira" (p.91).

[61] Partidas de futebol amador.

[62] *Rolling Play Game*, jogo de interpretação no qual os participantes são personagens de crônicas ficcionais.

[63] "Churrasquinho" é como são conhecidos popularmente os vendedores ambulantes de espetos de carnes, assadas na brasa.

[64] Jogo em que participantes disputam entre si quem adivinha a quantidade de moedas (ou palitos) escondidas nas mãos de todos os jogadores; onde cada um pode contribuir na rodada com nenhuma ou até três moedas; e o conteúdo das mãos só é revelado depois que todos deem seus palpites.